KB083419

5060 세대를 위한
시니어
영어
첫걸음

VISCON 지음

미국 비영리교육재단 izzit 초중등교육프로그램 국내 독점공급.
English Discussion Program 콘텐츠 개발공급.
TOEFLPEDIA Vocabulary, Writing, Speaking 등 영어학습 콘텐츠 개발.

안재우 감수

- 미국 Roberts School(Boston소재) 수학 [최우수 특별장학생]
- 연세대학교 영어영문학과 졸업 [사회학 복수전공]
- 서울대학교 수리과학부 졸업

- 서울대학교 영어카페 회장 역임
- 대한철인 3종경기 서울연맹 대학부선수
- KATUSA 우수교관으로 미육군장관 표창 수상

서울장훈고등학교 토요아카데미 영어토론반 및 아카데미 영어스크린반 강의
KBS World Radio[Current Affairs in Focus], TBS eFM[Prime Time] 등
영어방송 프로그램을 통해 국내 및 국제사회문제 평론가로 활동 중

5060세대를 위한 시니어 영어 첫걸음

2012년 11월 30일 초판 1쇄 발행
2023년 6월 20일 개정판 1쇄 발행

지은이 VISCON
감 수 안재우
펴낸이 정정례
펴낸곳 삼영서관
마케팅 김정욱
디자인 디자인클립

주소 서울 동대문구 답십리동 469-9 1F
전화 02) 2242-3668 팩스 02) 6499-3658
홈페이지 www.sysk.kr
이메일 syskbooks@naver.com
등록일 1978년 9월 18일
등록번호 제 1-261호
책값 13,800원
ISBN 979- 11-983436-0-4 13740

※ 파본은 구입처에서 교환하여 드립니다.

VISCON 지음 | 안재우 감수

Samyoung Publishing House

명문대학 졸업장보다 실제로 쓸 수 있는 지식이 더욱 중요한 시대가 되면서 세계 어디서나 평생교육의 중요성이 날로 확대되는 추세에 있습니다. 나이와 관계없이 평생 공부해야 하는 시대가 온 것입니다. 우리나라에도 여러 기관과 단체들이 평생교육의 기회를 다양하게 제공하고 있습니다. 그중에서도 특히 영어교육의 비중은 매우 크다고 할 수 있습니다. 따라서 제한된 시간을 최선으로 활용하여 영어실력을 향상시키는 방법이 무엇보다 중요합니다.

시작이 좋으면 절반은 성공이라고 하듯 영어학습에도 첫걸음을 잘 내디뎌야 합니다. 이 책은 이점을 중시하여 영어학습의 입문자들에게 필요한 필수 요소인 단어와 회화 문장, 문법, 발음 등 영어의 기초골격을 세우고 나아가 실제생활에서 영어를 활용할 수 있도록 구성하였습니다.

특히 본 도서의 단어와 회화 문장들은 초보영어 학습자들에게 가장 필요한 필수표현입니다. 또한 문어표현이 아닌 일상생활에서 가장 많이 사용되는 실용적인 구어표현들을 사용하였습니다.

일례로 I am a schoolboy.(난 남학생입니다.)같은 표현은 일평생 단 한 번도 쓸 기회가 없을 수 있습니다. 이런 표현들만을 공부하다 보면 꼭 필요한 실용영어는 배우지 못하고 영어벙어리가 되어버리기 십상입니다. 반면에 You made it! (해내셨군요!) Way to go! (잘 했어요!) 등은 배우기도 쉽고 하루에도 몇 번씩이나 사용되는 말입니다.

이 책은 이처럼 같은 시간과 노력으로 사용빈도가 적은 옛 교과서식 표현보다는 톡톡 튀며 살아 움직이는 실용적인 영어를 배울 수 있도록 구성하였습니다.

영어공부는 억지로 하는 것이 아니라 즐겁고 맛있는 식사처럼 해야 합니다. 그래야 몸에 유익한 영양소가 될 수 있습니다. 이 책의 콘텐츠는 영어공부에 따른 스트레스를 느끼지 않고(stress-free) 재미있게 마치 소설을 읽듯 공부할 수 있도록 체계적으로 구성되었습니다.

무엇보다도 총 20과와 부록으로 구성된 이 책은 각 과가 따로 움직이지 않고 전체가 한 몸같이 밀접하게 유기적으로 연결되어 있어 영어의 기초실력 전반을 완벽하게 익힐 수 있습니다. 이 책을 공부하고 나면 영어가 무척 쉽게 느껴질 것이며, 영어실력을 튼튼히 갖출 수 있을 것입니다.

영어공부를 시작하신 여러분 모두의 용기를 존경하면서 성공과 행운을 빕니다.

이 책의 특징

이 책은 다음 6가지 주요 특징을 통해 다른 책들과 차별화하였습니다.

❶ 본문에 사용된 단어는 1,000단어 이내의 난이도 수준으로 학습이 가능하도록 구성하였습니다.
❷ 단어, 회화 문장, 발음, 문법 등 초급학습자에게 필요한 필수요소들에 대한 원스톱(one-stop) 학습이 가능하도록 구성하였습니다.
❸ 문어체 문장들을 버리고 일상생활에서 가장 많이 사용되는 생생한 구어체 표현들로 콘텐츠를 구성하여 영어의 실용성을 대폭 향상하였습니다.
❹ 총 20과의 콘텐츠가 서로 유기적으로 연결되게 하여 학습효과를 극대화하였습니다.
❺ 학습의 실용성을 극대화하기 위해 주요 단어에 모두 악센트를 표시하였습니다.
❻ 입문자 및 중장년층이 읽기 편하도록 서체와 디자인을 최적화하여 가독성을 높였습니다.

참고할 몇 가지 주요 포인트를 부언하면 다음과 같습니다.

영어는 발음이 정확하지 않으면 소통할 수 없습니다. 따라서 초보단계일수록 발음을 정확히 익히는 연습이 중요합니다. 이 책은 학습자가 발음을 공부하되 특히 주의해야 할 핵심 부분을 하나씩 알기 쉽고 흥미롭게 배우면서 정확한 발음을 체질화, 습관화할 수 있도록 구성하였습니다.

성년이 되어 영어를 배우는 사람들은 우선 영어문장의 성격을 이해하는 것이 중요합니다. 이런 이유로 문법을 배워야 하는 것인데, 이 책은 반드시 알아야 할 문법의 기초 핵심 원리 31개를(부록포함) 쉽게 이해할 수 있도록 하는 새로운 방법을 개발해 명쾌하고 흥미롭게 공부할 수 있도록 하였습니다. 여기에 나온 필수문법만 배우면 다른 문법 사항들도 차차 쉽게 이해할 수 있게 될 것입니다.

각과에 그림으로 배우는 단어를 실어 다음과에서 배울 단어를 미리 살펴볼 수 있도록 하였습니다. 이러한 구성은 이어서 공부할 내용에 대한 준비와 감각을 예리하게 하여 학습효과를 높이기 위한 것입니다.

공부에는 희망, 용기, 자신감을 가질 수 있게 하는 자극이 필요합니다. 이 책은 수많은 실패, 역경, 사회적 편견 등을 극복하고 세상을 놀라게 한 전설적인 인물들에 관한 재미있는 에피소드를 실었습니다. 그들을 돌아보는 것은 학습자의 교양을 높이는데도 기여할 것입니다. 또한 그들 자신의 명언과 그들의 빛나는 업적과 관련된 명언도 소개하여 영어를 공부하면서 보너스로 교양도 쌓을 수 있도록 하였습니다.

이 책의 구성

이 책은 일상생활에서 가장 많이 사용되는 쇼핑, 관광, 날씨, 여행 등 20개의 주제와 관련된 내용을 다음 순서대로 담아 유기적이고 짜임새 있게 구성하였습니다.

기본표현 ···› 기본표현 설명과 예문 ···› 주요 추가표현 ···› 주요 추가표현 설명과 예문 ···›

앞서 배운 표현에서 주의해야 할 핵심 발음연습 ···› 학습한 문장의 이해를 위한 핵심 기초문법 ···›

다음 날 배울 그림단어 ···› 문제풀이 ···›

어려움을 딛고 일어선 위대한 인물들에 관한 에피소드와 다음 날 배울 주제의 예고 순서

시작해보기

각 주제별로 기본표현을 먼저 배운다.

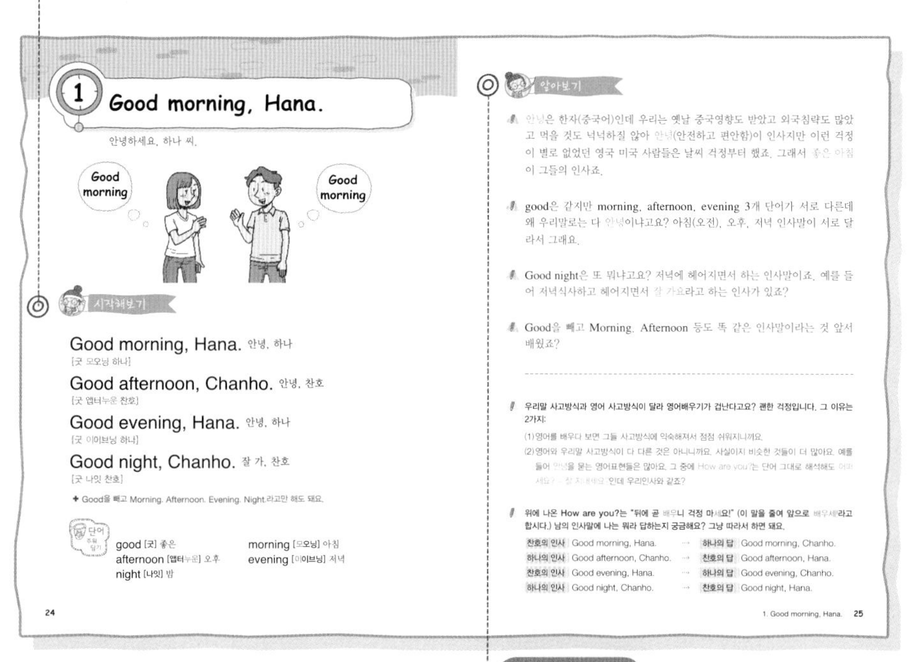

1 Good morning, Hana.

안녕하세요, 하나 씨.

시작해보기

Good morning, Hana. 안녕, 하나
[굿 모오닝 하나]

Good afternoon, Chanho. 안녕, 찬호
[굿 앱터누운 찬호]

Good evening, Hana. 안녕, 하나
[굿 이이브닝 하나]

Good night, Chanho. 잘 가, 찬호
[굿 나잇 찬호]

✚ Good을 빼고 Morning. Afternoon. Evening. Night.라고만 해도 돼요.

단어 주워 담기

good [굿] 좋은
afternoon [앱터누운] 오후
night [나잇] 밤
morning [모오닝] 아침
evening [이이브닝] 저녁

24

알아보기

안녕은 한자(중국어)인데 우리는 옛날 중국영향도 받았고 외국침략도 많았고 먹을 것도 넉넉하질 않아 안녕(안전하고 편안함)이 인사지만 이런 걱정이 별로 없었던 영국 미국 사람들은 날씨 걱정부터 했죠. 그래서 좋은 아침이 그들의 인사죠.

good은 같지만 morning, afternoon, evening 3개 단어가 서로 다른데 왜 우리말로는 다 안녕이냐고요? 아침(오전), 오후, 저녁 인사말이 서로 달라서 그래요.

Good night은 또 뭐냐고요? 저녁에 헤어지면서 하는 인사말이죠. 예를 들어 저녁식사하고 헤어지면서 잘 가요라고 하는 인사가 있죠?

Good을 빼고 Morning, Afternoon 등도 똑 같은 인사말이라는 것 앞서 배웠죠?

우리말 사고방식과 영어 사고방식이 달라 영어배우기가 겁난다고요? 괜한 걱정입니다. 그 이유는 2가지:

(1) 영어를 배우다 보면 그들 사고방식에 익숙해져서 점점 쉬워지니까요.
(2) 영어와 우리말 사고방식이 다 다른 것은 아니니까요. 사실이지 비슷한 것들이 더 많아요. 예를 들어 안녕을 묻는 영어표현들은 많아요. 그 중에 How are you?는 단어 그대로 해석해도 어떠세요? – 잘 지내세요?인데 우리인사와 같죠?

위에 나온 How are you?는 "뒤에 곧 배우니 걱정 마세요!" (이 말을 줄여 앞으로 배우세라고 합시다.) 남의 인사말에 나는 뭐라 답하는지 궁금해요? 그냥 따라서 하면 돼요.

찬호의 인사 Good morning, Hana. ···› 하나의 답 Good morning, Chanho.
하나의 인사 Good afternoon, Chanho. ···› 찬호의 답 Good afternoon, Hana.
찬호의 인사 Good evening, Hana. ···› 하나의 답 Good evening, Chanho.
하나의 인사 Good night, Chanho. ···› 찬호의 답 Good night, Hana.

1. Good morning, Hana. 25

알아보기

기본표현에 대한 설명과 추가 예문 등을 통해 기본표현에 대한 이해를 높이고 보완한다.

더 배워보기

각 주제별 기본표현에서 나아가 주요 표현들을 더 배운다.

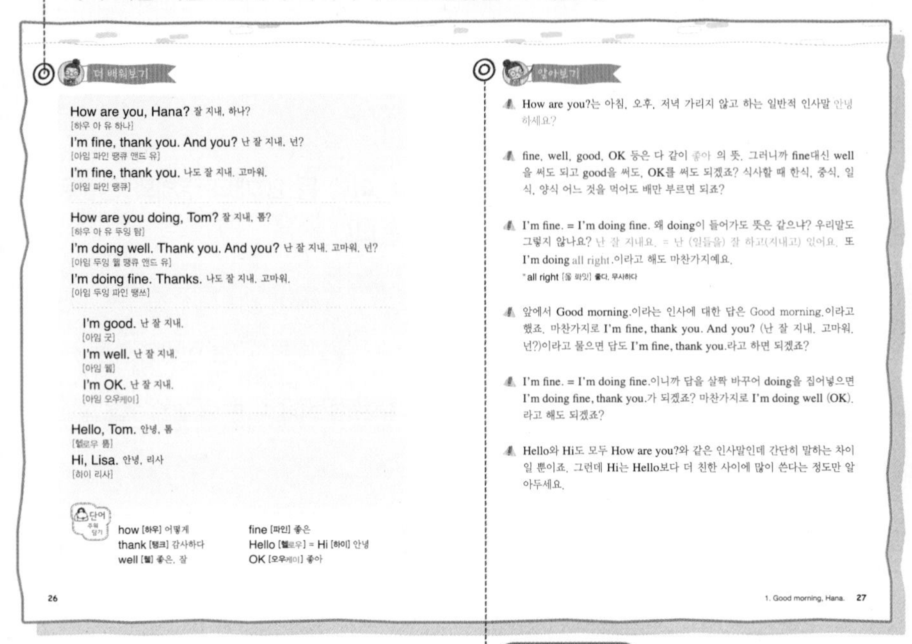

더 배워보기

How are you, Hana? 잘 지내, 하나?
[하우 아 유 하나]
I'm fine, thank you. And you? 난 잘 지내, 넌?
[아임 파인 땡큐 앤드 유]
I'm fine, thank you. 나도 잘 지내, 고마워.
[아임 파인 땡큐]

How are you doing, Tom? 잘 지내, 톰?
[하우 아 유 두잉 탐]
I'm doing well. Thank you. And you? 난 잘 지내, 고마워, 넌?
[아임 두잉 웰 땡큐 앤드 유]
I'm doing fine. Thanks. 나도 잘 지내, 고마워.
[아임 두잉 파인 땡쓰]

I'm good. 난 잘 지내.
[아임 굿]
I'm well. 난 잘 지내.
[아임 웰]
I'm OK. 난 잘 지내.
[아임 오우케이]

Hello, Tom. 안녕, 톰
[헬로우 톰]
Hi, Lisa. 안녕, 리사
[하이 리사]

단어 주워 담기
how [하우] 어떻게
thank [탱크] 감사하다
well [웰] 좋은, 잘
fine [파인] 좋은
Hello [헬로우] = Hi [하이] 안녕
OK [오우케이] 좋아

26

알아보기

- How are you?는 아침, 오후, 저녁 가리지 않고 하는 일반적 인사말 안녕하세요?
- fine, well, good, OK 등은 다 같이 좋아 의 뜻. 그러니까 fine대신 well을 써도 되고 good을 써도, OK를 써도 되겠죠? 식사할 때 한식, 중식, 일식, 양식 어느 것을 먹어도 배만 부르면 되죠?
- I'm fine. = I'm doing fine. 왜 doing이 들어가도 뜻은 같으냐? 우리말도 그렇지 않나요? 난 잘 지내요. = 난 (일들을) 잘 하고(지내고) 있어요. 또 I'm doing all right.이라고 해도 마찬가지예요.
  * all right [올 롸잇] 좋다, 무사하다
- 앞에서 Good morning.이라는 인사에 대한 답은 Good morning.이라고 했죠. 마찬가지로 I'm fine, thank you. And you? (난 잘 지내, 고마워, 넌?)이라고 물으면 답도 I'm fine, thank you.라고 하면 되겠죠?
- I'm fine. = I'm doing fine.이니까 답을 살짝 바꾸어 doing을 집어넣으면 I'm doing fine, thank you.가 되겠죠? 마찬가지로 I'm doing well (OK). 라고 해도 되겠죠?
- Hello와 Hi도 모두 How are you?와 같은 인사말인데 간단히 말하는 차이일 뿐이죠. 그런데 Hi는 Hello보다 더 친한 사이에 많이 쓴다는 정도만 알아두세요.

1. Good morning, Hana. 27

알아보기

[더 배워보기]에서 배운 표현들에 대한 이해를 높이고 보완한다.

발음 익히기

앞에서 배운 표현들과 관련된 주요 발음들을 철저히 연습한다.

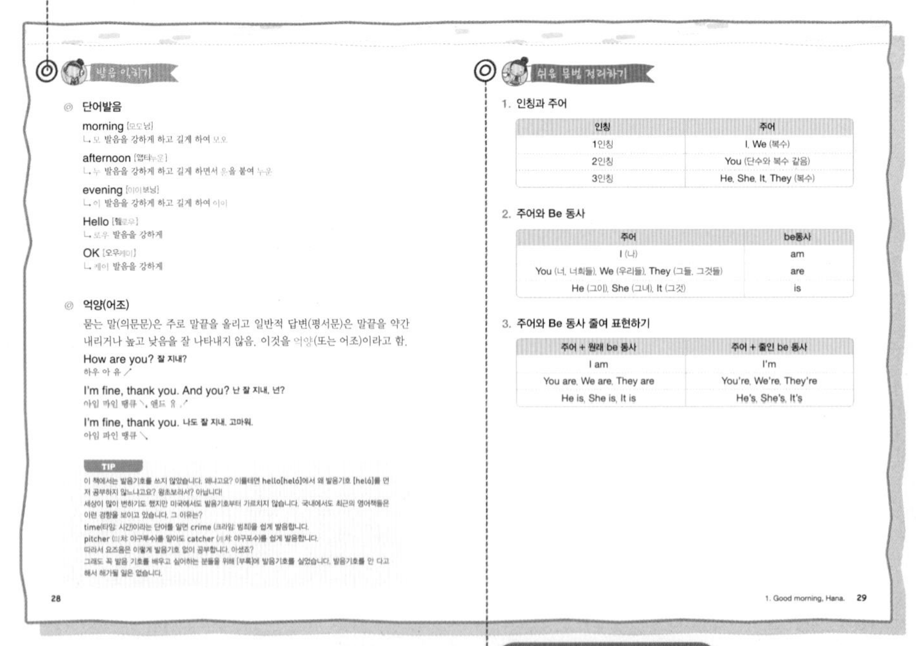

발음 익히기

◎ 단어발음

morning [모오닝]
↳ 모 발음을 강하게 하고 길게 하여 모오

afternoon [앱터누운]
↳ 누 발음을 강하게 하고 길게 하면서 운을 붙여 누운

evening [이이브닝]
↳ 이 발음을 강하게 하고 길게 하여 이이

Hello [헬로우]
↳ 로우 발음을 강하게

OK [오우케이]
↳ 케이 발음을 강하게

◎ 억양(어조)

묻는 말(의문문)은 주로 말끝을 올리고 일반적 답변(평서문)은 말끝을 약간 내리거나 높고 낮음을 잘 나타내지 않음. 이것을 억양(또는 어조)이라고 함.

How are you? 잘 지내?
하우 아 유 ↗

I'm fine, thank you. And you? 난 잘 지내, 넌?
아임 파인 땡큐 ↘, 앤드 유 ↗

I'm fine, thank you. 나도 잘 지내, 고마워.
아임 파인 땡큐 ↘

TIP

이 책에서는 발음기호를 쓰지 않았습니다. 왜냐고요? 이를테면 hello[heló]에서 왜 발음기호 [heló]를 먼저 공부하지 않느냐고요? 왕초보라서? 아닙니다!
세상이 많이 변하기도 했지만 미국에서도 발음기호부터 가르치지 않습니다. 국내에서도 최근의 영어책들은 이런 경향을 보이고 있습니다. 그 이유는?
time(타임: 시간)이라는 단어를 알면 crime (크라임: 범죄)을 쉽게 발음합니다.
pitcher (피처: 야구투수)를 알아도 catcher (캐처: 야구포수)를 쉽게 발음합니다.
따라서 요즈음은 이렇게 발음기호 없이 공부합니다. 아셨죠?
그래도 꼭 발음 기호를 배우고 싶어하는 분들을 위해 [부록]에 발음기호를 실었습니다. 발음기호를 안 다고 해서 해가될 일은 없습니다.

28

쉬운 문법 정리하기

1. 인칭과 주어

인칭	주어
1인칭	I, We (복수)
2인칭	You (단수와 복수 같음)
3인칭	He, She, It, They (복수)

2. 주어와 Be 동사

주어	be동사
I (나)	am
You (너, 너희들), We (우리들), They (그들, 그것들)	are
He (그이), She (그녀), It (그것)	is

3. 주어와 Be 동사 줄여 표현하기

주어 + 원래 be 동사	주어 + 줄인 be 동사
I am	I'm
You are, We are, They are	You're, We're, They're
He is, She is, It is	He's, She's, It's

1. Good morning, Hana. 29

쉬운 문법 정리하기

문법의 핵심사항들을 알기 쉽도록 설명하여 영어문장 해석실력의 토대를 튼튼히 한다.

그림으로 배우는 단어

다음 과에서 배울 문장들과 관련된 단어들의 상당부분을 미리 예습하여 학습효과를 높이게 한다.

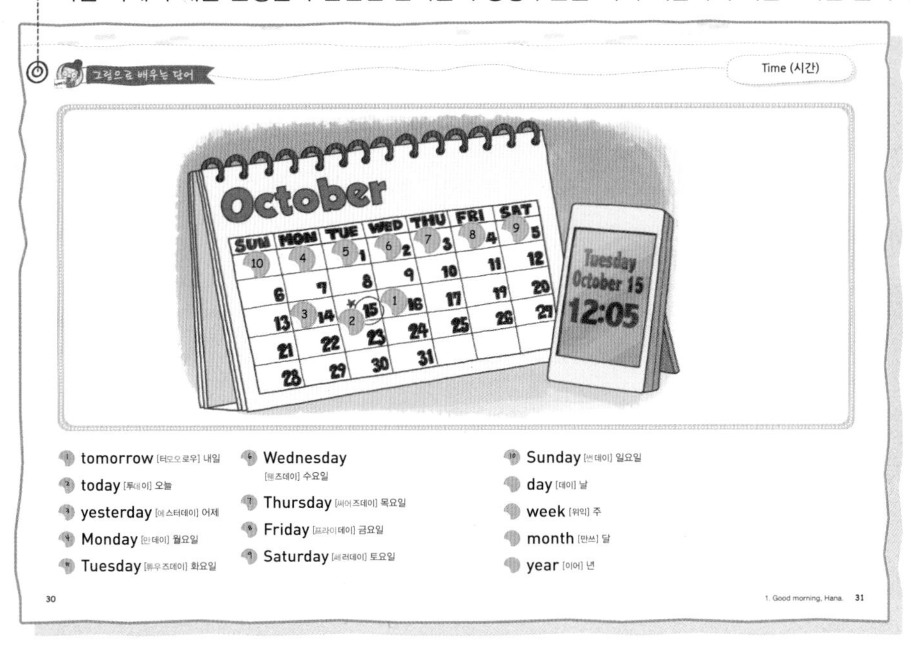

그림으로 배우는 단어 · Time (시간)

- ❶ tomorrow [터모오로우] 내일
- ❷ today [투데이] 오늘
- ❸ yesterday [예스터데이] 어제
- ❹ Monday [먼데이] 월요일
- ❺ Tuesday [튜우즈데이] 화요일
- ❻ Wednesday [웬즈데이] 수요일
- ❼ Thursday [써어즈데이] 목요일
- ❽ Friday [프라이데이] 금요일
- ❾ Saturday [쌔러데이] 토요일
- ❿ Sunday [썬데이] 일요일
- day [데이] 날
- week [위익] 주
- month [만쓰] 달
- year [이어] 년

30 · 1. Good morning, Hana. 31

잘 배웠나 알아보기

간단한 테스트를 통해
자기의 학습정도를 확인한다.

재미있는 공부 에피소드

공부에 대한 의욕과 자신감을 갖게 한다.

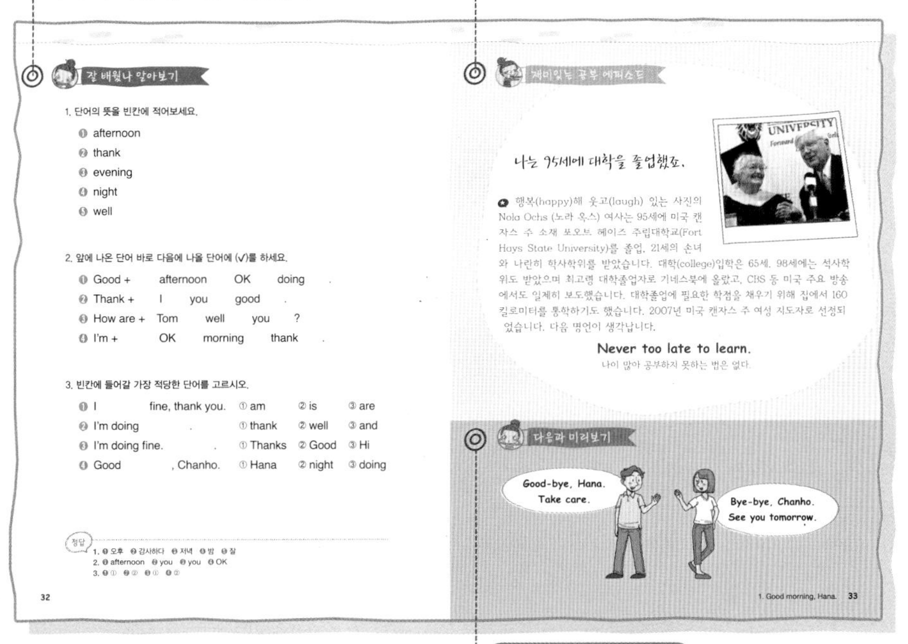

잘 배웠나 알아보기

1. 단어의 뜻을 빈칸에 적어보세요.

❶ afternoon
❷ thank
❸ evening
❹ night
❺ well

2. 앞에 나온 단어 바로 다음에 나올 단어에 (✓)를 하세요.

❶ Good + afternoon OK doing .
❷ Thank + I you good .
❸ How are + Tom well you ?
❹ I'm + OK morning thank .

3. 빈칸에 들어갈 가장 적당한 단어를 고르시오.

❶ I fine, thank you. ① am ② is ③ are
❷ I'm doing . ① thank ② well ③ and
❸ I'm doing fine. . ① Thanks ② Good ③ Hi
❹ Good , Chanho. ① Hana ② night ③ doing

정답
1. ❶ 오후 ❷ 감사하다 ❸ 저녁 ❹ 밤 ❺ 잘
2. ❶ afternoon ❷ you ❸ you ❹ OK
3. ❶ ① ❷ ② ❸ ① ❹ ②

32

재미있는 공부 에피소드

나는 95세에 대학을 졸업했죠.

행복(happy)해 웃고(laugh) 있는 사진의 Nola Ochs (노라 옥스) 여사는 95세에 미국 캔자스 주 소재 포오트 헤이즈 주립대학교(Fort Hays State University)를 졸업, 21세의 손녀와 나란히 학사학위를 받았습니다. 대학(college)입학은 65세. 98세에는 석사학위도 받았으며 최고령 대학졸업자로 기네스북에 올랐고, CBS 등 미국 주요 방송에서도 일제히 보도했습니다. 대학졸업에 필요한 학점을 채우기 위해 집에서 160 킬로미터를 통학하기도 했습니다. 2007년 미국 캔자스 주 여성 지도자로 선정되었습니다. 다음 명언이 생각납니다.

Never too late to learn.
나이 많아 공부하지 못하는 법은 없다.

다음과 미리보기

1. Good morning, Hana. 33

다음과 미리보기

다음 날 배울 내용을 예상하고 대비할 수 있게 한다.

영어 표현이 아직은 어색하게 느껴지시나요? 1단계 학습법을 통해 영어표현과 먼저 친해져 보세요. 그리고 2단계 학습을 통해 살아있는 영어표현을 내 것으로 만들어 보세요. 가벼운 인사말과 기본 표현에 자신 있으신 분은 바로 2단계 학습법에 따라 교재를 활용해 보세요.

1단계: 영어표현과 친해지기

❶ 기본표현인 "시작해보기"를 "알아보기"와 함께 가볍게 읽어봅니다. 주요 추가표현인 "더 배워보기"도 "알아보기"와 함께 읽어봅니다.

❷ 제공된 CD를 같이 들으면서 "시작해보기"와 "더 배워보기"를 소리 내어 따라합니다.

❸ "그림으로 배우는 단어"는 오디오 파일을 들으면서 다음 과에서 배울 단어를 미리 예습합니다.

❹ 마지막으로 "재미있는 공부 에피소드"를 통해 영어공부에 대한 자신감을 키우면서 영어명언도 함께 배워 봅니다.

2단계: 살아있는 영어표현 내 것으로 만들기

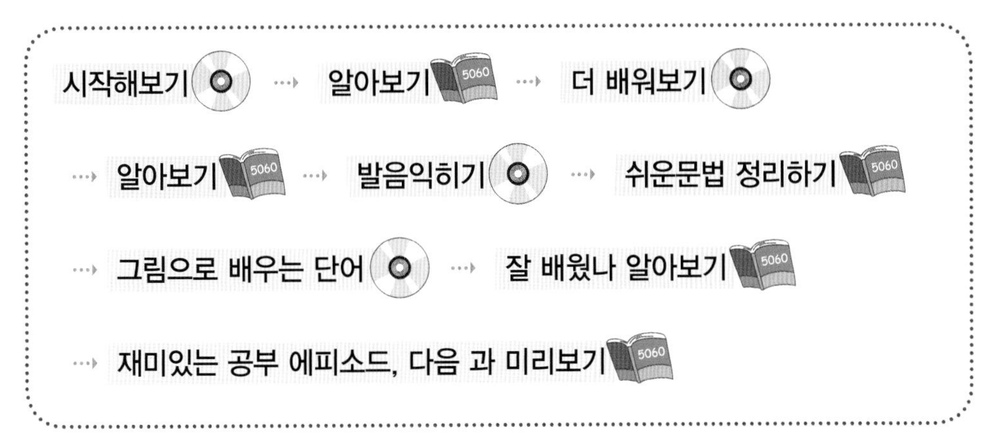

❶ 제공된 CD를 들으면서 "시작해보기"의 기본표현을 소리 내어 읽어 봅니다. "알아보기"를 통해 기본표현에 대한 이해를 높일 수 있습니다.

❷ 주요 추가표현인 "더 배워보기"도 CD를 들으면서 소리 내어 따라합니다. "알아보기"를 통해 추가표현에 대한 설명을 이해하면서 주요 표현을 내 것으로 만들어 보세요.

❸ "발음익히기"를 통해 앞에서 배운 문장 속 단어를 정확하게 발음해 봅니다.

❹ "쉬운문법 정리하기"의 핵심문법으로 학습한 영어문장을 쉽게 이해할 수 있습니다.

❺ "그림으로 배우는 단어"를 CD로 들어보면서 다음 과에서 학습할 내용을 미리 예습하여 학습 효과를 높일 수 있습니다.

❻ 실력이 향상되셨나요? "잘 배웠나 알아보기"로 그동안 공부한 내용을 최종 정리해 봅니다.

❼ 마지막으로 "재미있는 공부 에피소드"를 통해 영어공부에 대한 자신감을 키우면서 영어명언도 함께 배워 봅니다.

알파벳 배우기

A a 에이 [éi]	B b 비— [bi:]	C c 씨— [si:]
D d 디— [di:]	E e 이— [i:]	F f 에프 [ef]
G g 쥐— [dʒi:]	H h 에이취 [eitʃ]	I i 아이 [ai]
J j 제이 [dʒei]	K k 케이 [kei]	L l 엘 [el]
M m 엠 [em]	N n 엔 [en]	O o 오우 [ou]

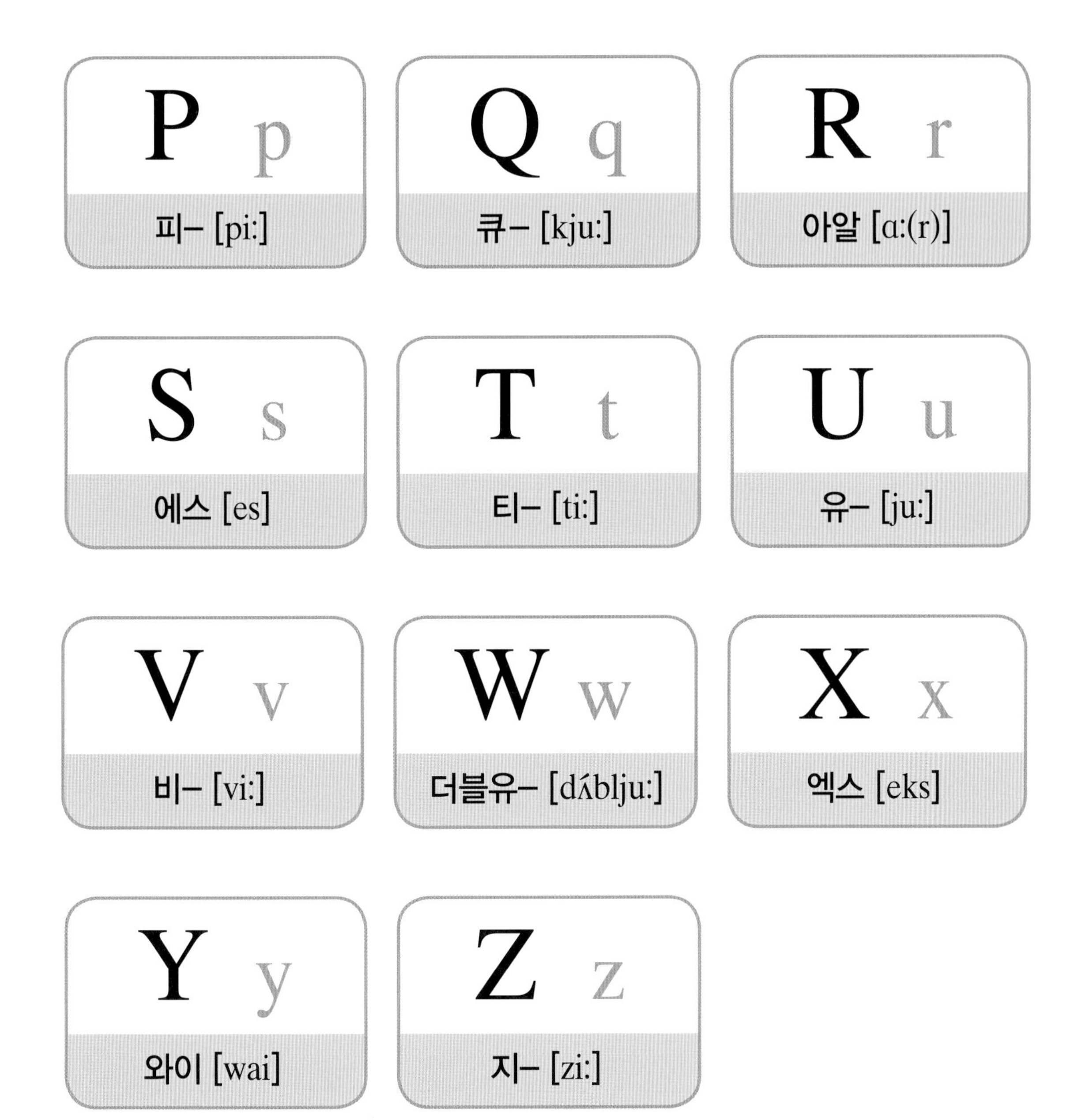

※ '비–', '씨–'에서 '–'표시는 길게 발음을 해야하는 장음 표기입니다.
따라서 실제 발음을 하게되면 '비이', '씨이'로 발음을 하게 됩니다.

국제음성기호와 우리말 발음

- 학습효과를 극대화하기 위해 아래 단어는 모두 본문에 나오는 단어들 가운데서 골라 구성하였습니다.
- [괄호] 안은 우리말 발음

모음		
a [아]		arm [a:rm] [암] 팔 father [fa:rðər] [파아더] 아버지
ai [아이]		eye [ai] [아이] 눈 five [faiv] [파이브] 다섯
ə [어]		again [əgéin] [어게인] 다시 America [əmérikə] [어메리커] 미국
o [오]		Okay=OK [óukéi] [오우케이] 좋아 oak [ouk] [오우크] 참나무
ɔ [오]		office [ɔ́:fis] [오피스] 사무실 often [ɔftən] [옵턴] 가끔
ʌ [아]와 [어] 중간		up [ʌp] [업] 위로 ugly [ʌ́gli] [어글리] 추한

u [우]		put [put] [풋] 놓다 book [buk] [북] 책
i [이]		ear [iər] [이어] 귀 estate [istéit] [이스테잇] 재산
e [에]		error [érər] [에러] 실수 educate [édʒukèit] [에주케잇] 교육하다
æ [애]		apple [ǽpl] [애플] 사과 action [ǽkʃən] [액션] 행동
ei [에이]		eight [eit] [에잇] 여덟 able [éibəl] [에이블] 유능한
ɛ [에]		air [ɛər] [에어] 공기 there [ðɛər] [데어] 거기에

ː 장음(長音) 표시

evening [íːvniŋ] [이이브닝] 저녁
sea [siː] [씨이] 바다

자음 + 모음 ⋯→ 모음성질이 강함

ja [야] (자음+모음)

yard [jaːrd] [야드] 구내, 운동장
yarn [jaːrn] [얀] 뜨개실

jə [여] (자음+모음)

your [juəːr/jəːr] [유어/여] 당신의
yearn [jəːrn] [연] 그리워하다

jo [요] (자음+모음)

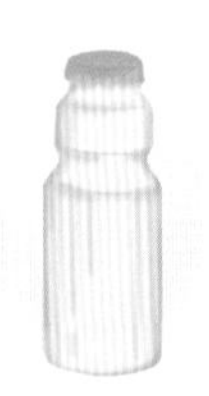

yoghurt [jóugəːrt] [요우거트] 요구르트
yoke [jouk] [요욱] 멍에

ju [유] (자음+모음)

you [ju] [유] 당신
youth [juːθ] [유쓰] 청춘

je [예] (자음+모음)

yes [jes] [예스] 네
yet [jet] [옛] 아직

자음

p [ㅍ]	pen [pen] [펜] 펜 park [pa:rk] [파악] 주차하다, 공원
f [ㅍ]	fine [fain] [파인] 좋은 free [fri:] [프리] 자유로운
b [ㅂ]	bye [bai] [바이] 안녕 bad [bæd] [뱃] 나쁜
v [ㅂ]	very [veri] [베리] 아주 visit [vízit] [비짓] 방문하다
l [ㄹ]	later [léitər] [레이러] 뒤에 loyalty [lɔ́iəlti] [로열티] 충성
r [ㄹ]	raw [rɔ:] [로오] 생것의 royalty [rɔ́iəlti] [로열티] 사용료
k [ㅋ]	kitchen [kítʃin] [키친] 부엌 kid [kid] [킷] 농담하다, 어린 아이

m [ㅁ]	menu [ménjuː] [메뉴] 메뉴 make [meik] [메이크] 만들다
s [ㅅ]	seven [sévən] [쎄븐] 일곱 see [siː] [씨이] 보다
t [ㅌ]	table [téibəl] [테이블] 테이블 trip [trip] [추립] 여행
g [ㄱ]	green [griːn] [그린] 녹색 go [gou] [고우] 가다
n [ㄴ]	now [nau] [나우] 지금 night [nait] [나잇] 밤
d [ㄷ]	dish [diʃ] [디쉬] 접시 desk [desk] [데스크] 책상
ŋ [ㅇ = 응]	morning [mɔːːrniŋ] [모오닝] 아침 song [sɔŋ] [쏭] 노래

h [ㅎ]	hope [houp] [호웁] 희망 hill [hil] [힐] 언덕
ʤ [ㅈ]	joke [ʤouk] [조우크] 농담 just [ʤʌst] [저스트] 바로
z [ㅈ]	zoo [zuː] [주우] 동물원 zero [zíərou] [지로우] 영
ʧ [치, 취]	much [mʌʧ] [머치] 많은 church [ʧəːrʧ] [처어취] 교회
ʃ [쉬, 슈]	sure [ʃuər] [슈어] 확실한 shoe [ʃuː] [슈우] 구두
θ [ㅆ]	think [θiŋk] [씽크] 생각하다 theater [θíətəːr] [씨어터] 극장
ð [ㄷ]	then [ðen] [덴] 그때에 that [ðæt] [댓] 저것

ph [f = ㅍ]		**phone** [foun] [포운] 전화기 **photo** [fóutou] [포우토우] 사진
w [우]		**well** [wel] [웰] 잘 **wood** [wud] [우드] 나무, 숲

이제 시작해볼까요?

Good morning, Hana.

안녕하세요, 하나 씨.

Good morning

Good morning

Good morning, Hana. 안녕, 하나

[굿 모오닝 하나]

Good afternoon, Chanho. 안녕, 찬호

[굿 앱터누운 찬호]

Good evening, Hana. 안녕, 하나

[굿 이이브닝 하나]

Good night, Chanho. 잘 가, 찬호

[굿 나잇 찬호]

✚ Good을 빼고 Morning. Afternoon. Evening. Night.라고만 해도 돼요.

good [굿] 좋은
afternoon [앱터누운] 오후
night [나잇] 밤
morning [모오닝] 아침
evening [이이브닝] 저녁

알아보기

안녕은 한자(중국어)인데 우리는 옛날 중국영향도 받았고 외국침략도 많았고 먹을 것도 넉넉하질 않아 안녕(안전하고 편안함)이 인사지만 이런 걱정이 별로 없었던 영국 미국 사람들은 날씨 걱정부터 했죠. 그래서 좋은 아침이 그들의 인사죠.

good은 같지만 morning, afternoon, evening 3개 단어가 서로 다른데 왜 우리말로는 다 안녕이냐고요? 아침(오전), 오후, 저녁 인사말이 서로 달라서 그래요.

Good night은 또 뭐냐고요? 저녁에 헤어지면서 하는 인사말이죠. 예를 들어 저녁식사하고 헤어지면서 잘 가요라고 하는 인사가 있죠?

Good을 빼고 Morning. Afternoon 등도 똑 같은 인사말이라는 것 앞서 배웠죠?

우리말 사고방식과 영어 사고방식이 달라 영어배우기가 겁난다고요? 괜한 걱정입니다. 그 이유는 2가지:

(1) 영어를 배우다 보면 그들 사고방식에 익숙해져서 점점 쉬워지니까요.

(2) 영어와 우리말 사고방식이 다 다른 것은 아니니까요. 사실이지 비슷한 것들이 더 많아요. 예를 들어 안녕을 묻는 영어표현들은 많아요. 그 중에 How are you?는 단어 그대로 해석해도 어떠세요? = 잘 지내세요?인데 우리인사와 같죠?

위에 나온 How are you?는 "뒤에 곧 배우니 걱정 마세요!" (이 말을 줄여 앞으로 배우세!라고 합시다.) 남의 인사말에 나는 뭐라 답하는지 궁금해요? 그냥 따라서 하면 돼요.

찬호의 인사	Good morning, Hana.	⋯→	하나의 답	Good morning, Chanho.
하나의 인사	Good afternoon, Chanho.	⋯→	찬호의 답	Good afternoon, Hana.
찬호의 인사	Good evening, Hana.	⋯→	하나의 답	Good evening, Chanho.
하나의 인사	Good night, Chanho.	⋯→	찬호의 답	Good night, Hana.

How are you, Hana? 잘 지내, 하나?
[하우 아 유 하나]

I'm fine, thank you. And you? 난 잘 지내, 넌?
[아임 파인 땡큐 앤드 유]

I'm fine, thank you. 나도 잘 지내. 고마워.
[아임 파인 땡큐]

How are you doing, Tom? 잘 지내, 톰?
[하우 아 유 두잉 탐]

I'm doing well. Thank you. And you? 난 잘 지내. 고마워. 넌?
[아임 두잉 웰 땡큐 앤드 유]

I'm doing fine. Thanks. 나도 잘 지내. 고마워.
[아임 두잉 파인 땡쓰]

I'm good. 난 잘 지내.
[아임 굿]

I'm well. 난 잘 지내.
[아임 웰]

I'm OK. 난 잘 지내.
[아임 오우케이]

Hello, Tom. 안녕, 톰
[헬로우 톰]

Hi, Lisa. 안녕, 리사
[하이 리사]

how [하우] 어떻게
thank [땡크] 감사하다
well [웰] 좋은, 잘
fine [파인] 좋은
Hello [헬로우] = Hi [하이] 안녕
OK [오우케이] 좋아

알아보기

- How are you?는 아침, 오후, 저녁 가리지 않고 하는 일반적 인사말 안녕하세요?

- fine, well, good, OK 등은 다 같이 좋아 의 뜻. 그러니까 fine대신 well을 써도 되고 good을 써도, OK를 써도 되겠죠? 식사할 때 한식, 중식, 일식, 양식 어느 것을 먹어도 배만 부르면 되죠?

- I'm fine. = I'm doing fine. 왜 doing이 들어가도 뜻은 같으냐? 우리말도 그렇지 않나요? 난 잘 지내요. = 난 (일들을) 잘 하고(지내고) 있어요. 또 I'm doing all right.이라고 해도 마찬가지예요.

  *all right [올 롸잇] 좋다, 무사하다

- 앞에서 Good morning.이라는 인사에 대한 답은 Good morning.이라고 했죠. 마찬가지로 I'm fine, thank you. And you? (난 잘 지내. 고마워. 넌?)이라고 물으면 답도 I'm fine, thank you.라고 하면 되겠죠?

- I'm fine. = I'm doing fine.이니까 답을 살짝 바꾸어 doing을 집어넣으면 I'm doing fine, thank you.가 되겠죠? 마찬가지로 I'm doing well (OK).라고 해도 되겠죠?

- Hello와 Hi도 모두 How are you?와 같은 인사말인데 간단히 말하는 차이일 뿐이죠. 그런데 Hi는 Hello보다 더 친한 사이에 많이 쓴다는 정도만 알아두세요.

◎ 단어발음

morning [모오닝]
ㄴ 모 발음을 강하게 하고 길게 하여 모오

afternoon [앱터누운]
ㄴ 누 발음을 강하게 하고 길게 하면서 운을 붙여 누운

evening [이이브닝]
ㄴ 이 발음을 강하게 하고 길게 하여 이이

Hello [헬로우]
ㄴ 로우 발음을 강하게

OK [오우케이]
ㄴ 케이 발음을 강하게

◎ 억양(어조)

묻는 말(의문문)은 주로 말끝을 올리고 일반적 답변(평서문)은 말끝을 약간 내리거나 높고 낮음을 잘 나타내지 않음. 이것을 억양(또는 어조)이라고 함.

How are you? **잘 지내?**
하우 아 유 ↗

I'm fine, thank you. And you? **난 잘 지내, 넌?**
아임 파인 땡큐 ↘ 앤드 유 ↗

I'm fine, thank you. **나도 잘 지내. 고마워.**
아임 파인 땡큐 ↘

TIP

이 책에서는 발음기호를 쓰지 않았습니다. 왜냐고요? 이를테면 hello[heló]에서 왜 발음기호 [heló]를 먼저 공부하지 않느냐고요? 왕초보라서? 아닙니다!
세상이 많이 변하기도 했지만 미국에서도 발음기호부터 가르치지 않습니다. 국내에서도 최근의 영어책들은 이런 경향을 보이고 있습니다. 그 이유는?
time(타임: 시간)이라는 단어를 알면 crime (크라임: 범죄)을 쉽게 발음합니다.
pitcher (피처: 야구투수)를 알아도 catcher (캐처: 야구포수)를 쉽게 발음합니다.
따라서 요즈음은 이렇게 발음기호 없이 공부합니다. 아셨죠?
그래도 꼭 발음 기호를 배우고 싶어하는 분들을 위해 16쪽에 발음기호를 실었습니다. 발음기호를 안 다고해서 해가될 일은 없습니다.

1. 인칭과 주어

인칭	주어
1인칭	I, We (복수)
2인칭	You (단수와 복수 같음)
3인칭	He, She, It, They (복수)

2. 주어와 Be 동사

주어	be동사
I (나)	am
You (너, 너희들), We (우리들), They (그들, 그것들)	are
He (그이), She (그녀), It (그것)	is

3. 주어와 Be 동사 줄여 표현하기

주어 + 원래 be 동사	주어 + 줄인 be 동사
I am	I'm
You are, We are, They are	You're, We're, They're
He is, She is, It is	He's, She's, It's

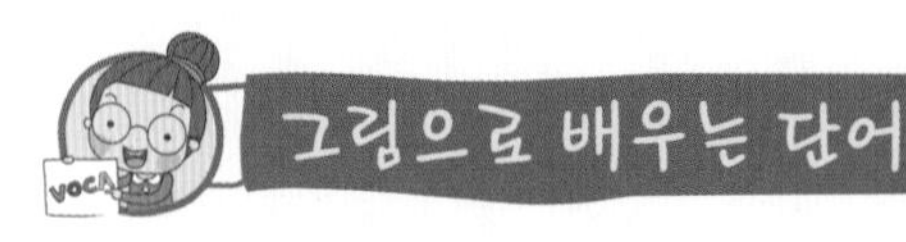

1 tomorrow [터모오로우] 내일

2 today [투데이] 오늘

3 yesterday [에스터데이] 어제

4 Monday [만데이] 월요일

5 Tuesday [튜우즈데이] 화요일

6 Wednesday [웬즈데이] 수요일

7 Thursday [써어즈데이] 목요일

8 Friday [프라이데이] 금요일

9 Saturday [쎄러데이] 토요일

10 **Sunday** [썬데이] 일요일

11 **day** [데이] 날

12 **week** [위익] 주

13 **month** [만쓰] 달

14 **year** [이어] 년

잘 배웠나 알아보기

1. 단어의 뜻을 빈칸에 적어보세요.

❶ afternoon
❷ thank
❸ evening
❹ night
❺ well

2. 앞에 나온 단어 바로 다음에 나올 단어에 (✓)를 하세요.

❶ Good + afternoon OK doing .
❷ Thank + I you good .
❸ How are + Tom well you ?
❹ I'm + OK morning thank .

3. 빈칸에 들어갈 가장 적당한 단어를 고르시오.

❶ I fine, thank you. ① am ② is ③ are
❷ I'm doing . ① thank ② well ③ and
❸ I'm doing fine. . ① Thanks ② Good ③ Hi
❹ Good , Chanho. ① Hana ② night ③ doing

정답

1. ❶ 오후 ❷ 감사하다 ❸ 저녁 ❹ 밤 ❺ 잘
2. ❶ afternoon ❷ you ❸ you ❹ OK
3. ❶ ① ❷ ② ❸ ① ❹ ②

재미있는 공부 에피소드

나는 95세에 대학을 졸업했죠.

행복(happy)해 웃고(laugh) 있는 사진의 Nola Ochs (노라 옥스) 여사는 95세에 미국 캔자스 주 소재 포오트 헤이즈 주립대학교(Fort Hays State University)를 졸업, 21세의 손녀와 나란히 학사학위를 받았습니다. 대학(college)입학은 65세. 98세에는 석사학위도 받았으며 최고령 대학졸업자로 기네스북에 올랐고, CBS 등 미국 주요 방송에서도 일제히 보도했습니다. 대학졸업에 필요한 학점을 채우기 위해 집에서 160 킬로미터를 통학하기도 했습니다. 2007년 미국 캔자스 주 여성 지도자로 선정되었습니다. 다음 명언이 생각납니다.

Never too late to learn.

나이 많아 공부하지 못하는 법은 없다.

다음과 미리보기

See you again, Chanho.

또 만나요, 찬호 씨.

시작해보기

Good-bye. 안녕 = 잘 가.
[굿바이]

Bye-bye. 안녕 / **Bye now.** 안녕
[바이 바이] [바이 나우]

See you again. 또 봐 (만나).
[씨이 유 어겐]

See you later. 또 봐.
[씨이 유 레이러]

✚ 더 간단히는 Bye. 또는 See you.라고만 해도 돼요.

bye [바이] 안녕
now [나우] 지금
later [레이러] 뒤에
see [씨이] 보다
again [어겐] 또

알아보기

- Good-bye를 간단히 Bye라고도 합니다. 또는 Bye now = Bye for now.도 같은 말입니다. 인터넷 용어로는 b4n(=Bye for now).

- 좀 오랫동안 떠나 있다가 다시 만나야 할 때의 안녕!(Goodbye!)은 Farewell[페어웰]이라고 해요. 영영 돌아오지 않으면? I got lovesick. (나 상사병에 걸렸어.) *lovesick [러브씩] 상사병에 걸린

- See you again.은 I will(I'll) see you again.의 줄임. 대화에서는 보통 이렇게 줄여써요.

- See you.와 같은 작별인사로 See you soon.[씨이 유 쑤운]과 See you around.[씨이 유 어롸운드]도 있어요.

- See you soon.에서 soon[쑤운]은 곧이라는 뜻. See you around.에서 around[어롸운드]는 이 주변(주위)에서라는 뜻. 그러니 곧 또는 이 주위에서 다시 만나자는 거죠.

- 좀 더 자상한 인사도 많아요. 우리말도 영어 영향을 받아 좋은 시간 되세요. 좋은 하루 되세요. 등 많죠? 아래 인사말 앞에 I hope you (당신이 ~하길 바랍니다)가 생략됐어요.

  Have a nice day. [해버 나이스 데이] 좋은 하루 되세요.
  Have a good time. [해버 굿 타임] 즐거운 시간 보내세요.
  Have a good (nice) day at work. [해버 굿 데이 앳 웍] 직장 생활 즐겁게 하세요.
  Have fun! [해브 펀] 재미있는 시간 되세요.

▸ See you + 구체적 시간

See you tonight. 오늘 밤에 만나.
[씨 유 투나잇]

See you tomorrow. 내일 또 만나.
[씨 유 터모오로우]

See you Monday. 월요일에 만나.
[씨 유 만디]

See you next week. 다음 주에 만나.
[씨 유 넥스트 위익]

▸ See you + 막연한 시간

See you next time. 다음에 만나.
[씨 유 넥스 타임]

See you then. 그 때 만나.
[씨 유 덴]

See you in a little while. 조금 있다 곧 만나.
[씨 유 인 어 리를 화일]

See you sometime. 언젠가 또 만나.
[씨 유 섬타임]

▸ 기타

Take care. 잘 가. 또 만나.
[테익 케어]

tonight [투나잇] 오늘 밤
little [리를] 적은 (작은)
in a little while (숙어) 조금 있다, 곧
sometime [섬타임] 언젠가
then [덴] 그때, 정해진 시간에
while [화일] 동안

알아보기

- tomorrow, next week 등 구체적, next time 등 막연한 시간, 2가지 경우 유의.

- 일주일은 앞서 예습했죠? 월요일 Monday [만디], 화요일 Tuesday [튜우즈디] 등은 [만데이], [튜우즈데이] 이렇게 디와 데이 중 어떻게 불러도 됩니다. 데이 ↔ 디.

- Tomorrow is good! 내일은 좋아요. 오늘밤은 더 좋아는? Tonight is better.라고 해요. 사실 Tomorrow is good. Tonight is better.는 유명한 영국 가수 캘빈 해리스(Calvin Harris)의 팝송(pop song) Let's go. [레츠 고우] (갑시다.)에도 나옵니다.

- in a little while은 4개 단어지만 하나의 긴 단어(in–a–little–while)로 생각하면 쉬워요. 곧, 조금 후에라는 뜻입니다.

- Take care는 또 뭐? 굳이 해석하면 조심해라는 뜻인데 잘 가, 또 봐 이런 뜻입니다. 또 So long. [쏘 롱]도 안녕이라는 작별인사인데 이 외에도 많지만 차차 배우면 쉬워집니다.

- 형식적인 안녕보다 또 만나고 싶다는 뜻을 좀 더 표시하려면 I hope to see you again. [아이 호웁 투 시 유 어겐]이라고 합니다.

- See you sometime.은 연인들 사이엔 주의. 언제 또 만나라고 막연히 말하면 싫어졌나?라고 오해할 수도 있습니다. 대신 See you tonight.라고 하면 You're the best. [유어 디 베스트] (자기가 최고야.)라며 좋아하겠죠.

◎ 단어발음

Good-bye [굿바이]
ㄴ 바 발음을 강하고 길게 하여 바이

later [레이러]
ㄴ 레이를 강하게. '러'는 앞 음의 영향을 받아 '터'가 '러'로 변함

tonight [투나잇]
ㄴ 나잇을 강하게 발음

tomorrow [터모오로우]
ㄴ 모오를 강하고 약간 길게 발음. 모오에서 오는 장음 표시

Monday [만디]
ㄴ 만을 강하게 발음. [만데이] 또는 [만디]라고 발음

better [베러]
ㄴ 더 좋은

◎ 가령 마아, 머어, 모오, 무우, 미이 등 앞의 음이 장음임을 나타내는 아, 어, 오, 우, 이 등은 이들 발음에 앞으로 차차 익숙해질 것임으로 우리말 발음 표기에서 점차 생략함.

◎ 대화에서의 발음변화

next
ㄴ 단어 하나만 발음하면 next [넥스트]지만 대화에서는 트가 묵음이 돼 넥스라고 발음.

later
ㄴ [레이러]라고 발음. [레이터]라고 발음하면 반드시 안 되는 건 아님. 미국사람들 잘 알아 듣습니다. 영국 사람들은 [레이터]라고도 많이 합니다.

little
ㄴ little [리를] 리를 강하게 발음. [리틀]도 괜찮지만 주로 [리를]이라고 발음.

better
ㄴ better도 [베터]라고해도 되지만 주로 [베러]라고 발음.

1. 명사와 대명사 배우기

명사는 이 세상 모든 것의 이름을 표현하는 단어. 김하나는 당연히 명사. 그런데 김하나를 대신하는 I(나)는 대명사. 이것으로 명사와 대명사 배우기 끝! 그리고 명사, 대명사 등을 품사라고 하는데 8가지 종류가 있어 8품사라고 합니다. 배우세!

명사 (세상에 있는 모든 것의 이름)	대명사 (명사를 대신하는 이름)
내 이름 = Kim Hana	나 = I
네 이름 = Park Chanho	너 = You
그이의 이름 = Lee Minho	그이 = He
그녀의 이름 = Kim Nari	그녀 = She
물건의 이름 = Pen	그것 = It

2. 품사의 뜻

품사는 품종(물품)을 뜻하는 품(品)과 말을 뜻하는 사(詞), 즉 말의 품종. 명사도 대명사도 다 말이지만 품종이 다르니 구분할 수밖에! 따라서 8품사(品詞)는 말의 품종을 구분해 보니 모두 8가지라는 것. 쉽게 이해하셨죠?

그림으로 배우는 단어

Movie (영화)

영화

movie
[무우비]

영화, 영화관

cinema
[씨네마]

인기배우, 스타

star
[스타]

남자배우

actor
[액터]

여자배우

actress
[액트리스]

화면

screen
[스크리인]

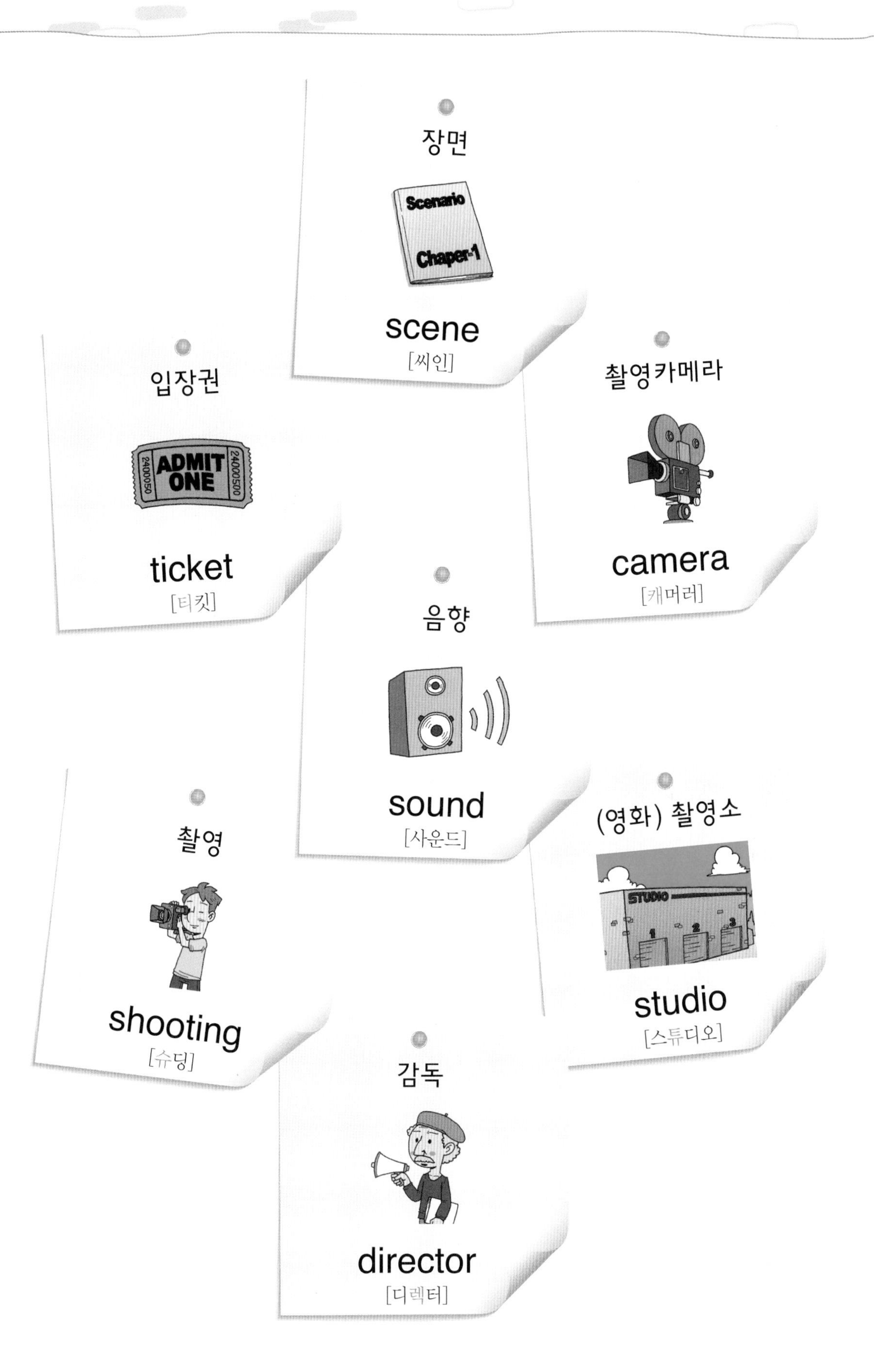
장면
Scenario
Chaper-1
scene
[씨인]
입장권
ADMIT ONE
ticket
[티킷]
촬영카메라
camera
[캐머러]
음향
sound
[사운드]
촬영
shooting
[슈딩]
(영화) 촬영소
STUDIO
studio
[스튜디오]
감독
director
[디렉터]

잘 배웠나 알아보기

1. 빈칸에 들어갈 적당한 단어를 고르시오.

❶ See you ______.	① bye	② soon	③ little
❷ Take ______.	① tonight	② soon	③ care
❸ Tomorrow is ______.	① better	② week	③ good-bye
❹ Bye ______.	① next	② now	③ Monday
❺ 다음 중 고유명사는?	① you	② Kim Nari	③ it

2. 단어의 뜻을 빈칸에 적어보세요.

❶ see

❷ again

❸ best

❹ while

❺ then

3. 빈칸에 일주일 이름을 다음에서 골라 채우세요.

Tuesday, Sunday, Friday

월	화	수	목	금	토	일
Monday		Wednesday	Thursday		Saturday	
만데이	튜우즈데이	웬즈데이	써어즈데이	프라이데이	쎄러데이	썬데이

정답

1. ❶ ② ❷ ③ ❸ ① ❹ ② ❺ ②
2. ❶ 보다 ❷ 다시 ❸ 최상이 ❹ 동안 ❺ 그때
3. Tuesday, Friday, Sunday

재미있는 공부 에피소드

가장 위대한 미국 대통령 에이브러햄 링컨 (Abraham Lincoln)

노예해방을 위한 남북전쟁 중 장군들과 의논하는 링컨 대통령 (우측에서 2번째)

링컨는 아주 가난한 가정의 통나무(log) 오두막(cabin)에서 태어났습니다. 링컨이 아홉 살 때 어머니(mother)가 세상을 떠났습니다(die). 훌륭한 의붓엄마(stepmother)는 링컨이 독서(read)하도록 늘 용기를 북돋아 주었습니다. 링컨은 독학하여 대통령이 된 후에 노예였던 흑인들을 해방(free)시켰습니다. 다음은 링컨이 남긴 명언들 중 하나입니다.

I walk slowly, but I never walk backward.

나는 천천히 걷는다. 그러나 절대로 뒷걸음질은 하지 않는다.

→ 느리게라도 앞만 보고 꾸준히 노력하면 대성공

다음과 미리보기

Bye now, Chanho. Let's go to a movie tomorrow.

Great! See you then.

Do you like movies?

영화 좋아하세요?

시작해보기

Do you like movies? 영화를 좋아하세요?
[두 유 라익 무우비즈?]

Do you like A? A를 좋아하는지 일반적 물음
(A = coffee, apples, dogs, America 등)

Yes, I do. 네, 좋아합니다. / **Sure.** 그럼요.
[예스 아이 두] [슈어]

No, I don't. 아니요, 좋아하지 않습니다.
[노우 아이 돈]

like [라익] 좋아하다
apple [애플] 사과
America [어메리카] 미국
coffee [커피] 커피
dog [닥] 개
sure [슈어] 틀림없이, 그럼요

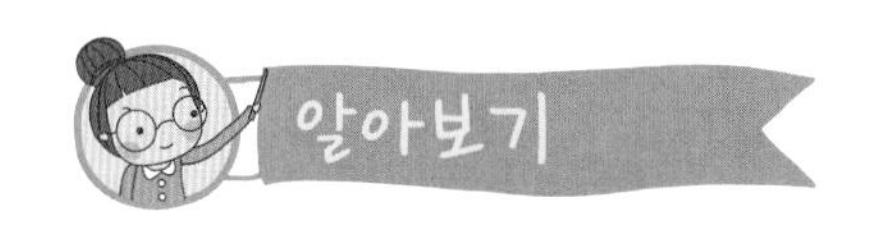

A를 좋아하느냐고 물을 땐 Do you like A? 항상 이렇게 시작해요.

Do you like Song Nari? [두 유 라익 송나리] 송나리를 좋아해요?

Do you like this house? [두 유 라익 디스 하우스] 이 집이 마음에 들어요?

그러나 Do you like food (water, air)? 음식(물, 공기)을 좋아하세요?라는 질문은? 이런 질문은 문장은 되지만 말이 안 되므로 쓰지 않습니다.

하지만 Do you like foreign food? 외국 음식을 좋아하세요? 이렇게 말하면 OK.

What food do you like? (무슨 음식을 좋아하세요?) I like kimchi. (김치가 좋아요.) 이건 정말 말이 되네요. What food do you like? 형태는 뒤에 곧 배워요.

sure는 확실히라는 뜻과 그럼요라는 대답으로 많이 사용해요. Sure 다음에 I like them (movies).이 생략됐어요. 우리말도 그럼요, 영화 좋아하죠.에서 (영화 좋아하죠.)는 보통 생략하죠?

Do you like Seoul? [두 유 라익 소울] 서울이 좋아요?

Sure, I like Seoul. [슈어 아이 라익 소울] 그럼요. 서울이 좋아요. = Sure. [슈어] 그럼요.

긍정은 Yes, 부정은 No 간단하죠? Yes와 No뒤에 I do.와 I don't은 생략할 수 있어요. 성미 급한 사람은 그렇다, 아니다만 말해! 이렇게 윽박지르기도 하죠?

What movies do you like? 무슨 영화를 좋아하세요?
[왓 무우비즈 두 유 라익]

What A do you like? 구체적으로 무슨 A를 좋아하는지 묻는 질문

I like action. 나는 액션을 좋아합니다.
[아이 라익 액션]

I like comedy. 나는 코미디를 좋아합니다.
[아이 라익 카머디]

What food do you like? 무슨 음식을 좋아하세요?
[왓 푸드 두 유 라익]

I like fast food. 나는 패스트푸드를 좋아합니다.
[아이 라익 패슷 푸드]

I like Korean food. 나는 한식을 좋아합니다.
[아이 라익 코리언 푸드]

What city do you like? 어느 도시를 좋아하세요?
[왓 시티 두 유 라익]

I like Seoul. 나는 서울을 좋아합니다.
[아이 라익 소울]

I like New York. 나는 뉴욕을 좋아합니다.
[아이 라익 뉴 요크]

action [액션] 액션영화
comedy [카머디] 코미디 영화
fast food [패슷 푸드] 패스트푸드(햄버거 따위)
steak [스테익] 스테이크
Korea [코리이어] 한국
Korean [코리이언] 한국식의, 한국인(어)
New York [뉴 요크] 미국의 최대 도시 뉴욕

알아보기

Do you like music? (음악을 좋아하세요?) 같은 일반적 물음과 What music do you like? (무슨 음악을 좋아하세요?) 같이 좋아하는 음악의 종류나 특징을 묻는 2가지 경우입니다. 아셨죠? 따라서 What movies = What kinds (types) of movies 어떤 종류(유형)의 영화.

영화에는 여러 종류가 있죠. love movies에서 movies는 보통 생략하고 love라고만 합니다. 그러니까 thriller는 thriller movies의 생략형이에요.

musical [뮤우지컬] 음악 영화

thriller [스릴러] 스릴을 느끼게 하는 영화

horror [호오러] 공포영화

Western [웨스턴] 서부영화

무슨 음식을 좋아하느냐 물으면 샌드위치, 스시 등으로 답할 수 있죠? 양식, 한식, 일식, 중식 등은 국가별 음식이죠? 양식당에서 김치찌개 달라고 하면 곤란해요.

I like sandwiches(kimchi, sushi, Chinese food).

[아이 라익 샌드위치즈 (김치, 스시, 차이니이즈 푸드)] 난 샌드위치(김치, 초밥, 중식)를 좋아한다.

*sandwiches → 여러 sandwich 일반 지칭.

I like Western (American) food.

[아이 라익 웨스턴 (어메리컨) 푸드] 난 양식(미국음식)을 좋아한다.

좋아한다는 말로 like 대신 love를 쓰기도 해요. like보다 더 강하게 사랑한다(love)는 거죠. 여러분 티셔츠에 I ♥ New York. 또는 I ♥ NY. 라고 쓰여 있죠? ♥ = love. NY = New York.

◎ 묻는 말의 억양

Do you like movies?

↳ 처럼 Do you로 시작하면 말끝 억양 높임.(↗)

What movies do you like?

↳ 처럼 What + 명사로 시작하면 말끝 억양 내림.(↘)

◎ B와 V 발음

B발음: 비를 윗입술과 아랫입술을 붙인 후 숨을 내쉬며 발음.

···▸ Boy, Ball

V발음: 윗 이를 아랫입술 가운데 살짝 붙인 후 숨을 내쉬며 발음.

···▸ Van, Victory

연습

Baby [베이비] 아기	Bee [비이] 꿀벌	Better [베러] 더 좋은
Voice [보이스] 목소리	Video [비디오우] 비디오	Vaccine [백씨인] 백신

쉬운 문법 정리하기

1. 동사 배우기

무엇이든 움직임을 나타내는 품사가 동사입니다. 움직이는 것은 동작, 감정, 지각 등.

움직임 구분	동사의 예
동작	go 가다 make 만들다 take 잡다
감정	like 좋아하다 love 사랑하다 feel 느끼다
지각	see 보다 hear 듣다 smell 냄새를 맡다

2. 형용사와 부사 배우기

명사를 꾸미는 품사가 형용사이고 동사, 형용사, 다른 부사를 꾸미는 품사가 부사.

He is a very good man.

I love Seoul very much.

그림으로 배우는 단어

Weather (날씨)

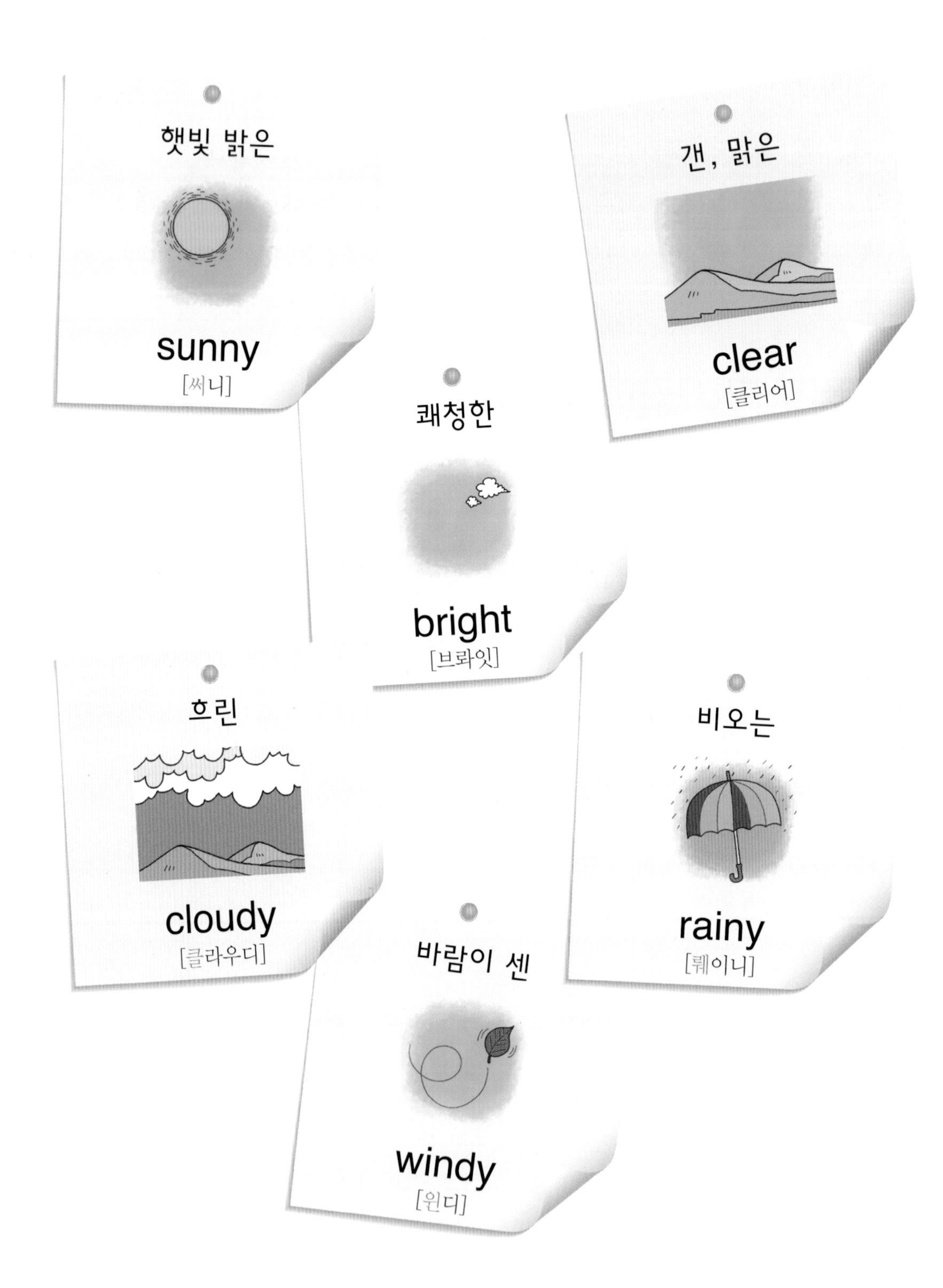
햇빛 밝은
sunny
[써니]
갠, 맑은
clear
[클리어]
쾌청한
bright
[브롸잇]
흐린
cloudy
[클라우디]
비오는
rainy
[뤠이니]
바람이 센
windy
[윈디]

폭풍우 치는
stormy
[스토오미]
더운
hot
[핫]
따뜻한
warm
[우웜]
시원한
cool
[쿠울]
추운
cold
[코울드]
눅눅한, 습한
humid
[휴우미드]
안개가 낀
foggy
[포기]

1. 다음 질문에 가장 적당한 것을 고르시오.

❶ Do you like Chinese tea? 중국차를 좋아하세요?

① Sure.

② I like action.

③ I like you.

❷ What fruits do you like? 무슨 과일을 좋아하세요?

① I like Seoul.

② I like strawberries.

③ I like them very much.

*fruit [프루우트] 과일 strawberry [스트로오베리] 딸기

2. 다음 질문 중 가장 어색한 것을 고르시오.

① Do you like classical music? 고전음악을 좋아합니까?

② Do you love Seoul? 서울을 좋아합니까?

③ What do you like hamburgers? 햄버거를 좋아합니까?

*classical [클래씨컬] 고전의

3. 다음 우리말을 영어로 빈칸에 적어 보세요.

❶ 집 ❷ 패스트푸드

❸ 영화

정답

1. ❶ ① ❷ ②
2. ③
3. ❶ house ❷ fast food ❸ movie

재미있는 공부 에피소드

불가능을 의지로 극복한 운동선수 윌마 루달프 (Wilma Rudolph)

1961년 뉴욕 육상경기에서 1위로 골인하는 윌마 루달프

★ 그녀는 1940년 자녀가 22명인 가난한 가정의 20번째 아이로 태어났습니다. 태어날 때 몸무게는 2킬로그램(kilogram)에 불과했습니다. 4세에 소아마비에 걸려 9살까지 버팀대(brace)로 걸었습니다. 게다가 성홍열, 양측 폐렴 같은 병마가 그녀를 계속 괴롭혔습니다. 하지만 강한 의지로 꾸준한 운동 등의 재활노력에 성공하여 12세에 소아마비를 극복했습니다. 놀랍게도 1960년 로마 올림픽에서 100미터, 200미터 경주와 400미터 릴레이에서 금메달을 받아 3관왕이 되었습니다. 그녀가 세계(world)에서 가장 빠른 여성이 되자 온 세상이 열광했습니다.

Where there's a will, there's a way.

뜻이 있는 곳에 길이 있다.

→ 의지력만 있으면 무슨 일도 해낼 수 있다.

다음과 미리보기

Oh, the weather is great today.

아! 오늘은 날씨가 정말 좋군요.

시작해보기

Oh, the weather is great today.
[오우 더 웨더 이즈 그레잇 투데이] 오, 오늘 날씨 정말 좋구나.

Yeah. It's beautiful. 그래, 정말 좋아.
[야아. 잇츠 뷰우터펄]

What's the weather for tomorrow?
[왓츠 더 웨더 포 터모오로우] 내일 날씨는 어떨까?

It's going to rain tomorrow. 내일은 비가 올 거야.
[잇츠 고잉 투 뤠인 터모오로우]

= It will rain tomorrow. 내일은 비가 올 거야.
[잇 윌 뤠인 터모오로우]

알아보기

- 감탄은 동물은 못하는 인간만의 특권입니다. 따라서 다양합니다. Oh는 우리말과 흡사한 오오! 아아! 등과 같은 감탄사.

- 감탄사에는 기쁨을 나타내는 것 외에, 슬픔, 놀라움, 고통을 나타내는 것 등 아주 많아요. 감탄사는 뒤에 문법정리에서 더 배우죠. 배우세!

- What s the weather for tomorrow?와 같은 뜻의 표현들은 아주 많아요. 우리말도 일기에 대한 표현이 많듯이 영어도 그래요. 2개만 더 배울까요?

  What will the weather be (like) tomorrow?
  [왓 윌 더 웨더 비 (라익) 터모오로우] 내일 날씨는 어떻겠는가? *like는 생략가능.

  How is the weather going to be tomorrow?
  [하우 이즈 더 웨더 고잉 투 비 터모오로우] 내일 날씨는 어떻겠는가?

- be going to + (동사) = will + (동사). 내일 할 작정이다와 내일 하려고 한다가 같은 말이죠? 내일은 비가 올지 모르겠다는? 다음과 같이 말합니다.

  It may rain tomorrow. [잇 메이 뤠인 터모오로우] 내일 비가 올 것 같아.

oh [오우] (감탄사) 오
weather [웨더] 날씨
rain [뤠인] 비(가 내리다)
beautiful [뷰우터펄] 아름다운, 아주 좋은
yeah [야아] = yes 그래, 네
great [그레잇] 아주 좋은, 훌륭한

What's the weather like? 날씨는 어떨까?
[왓츠 더 웨더 라익]

The weather is fine today. 오늘은 날씨가 좋아.
[더 웨더 이즈 파인 투데이]

Nice weather we're having! 정말 좋은 날씨야!
[나이스 웨더 위어 해빙]

What's the weather like in Seoul (Las Vegas, Japan)?
[왓츠 더 웨더 라익 킨 소울 (라스베이거스, 저팬)]

서울 (라스베이거스, 일본) 날씨는?

Gee, it's very hot over there! 아이구, 그 곳은 아주 더워요!
[지이 잇츠 베리 핫 오우버 데어]

It's going to snow tomorrow. = It'll snow tomorrow.
[잇츠 고잉 투 스노우 터모오로우] = [이들 스노우 터모오로우]

내일은 눈이 올 것이다.

It's gonna shower this afternoon. 오늘 오후엔 소나기가 올 것이다.
[잇츠 고나 샤우어 디스 앱터누운]

It'll be very cold tomorrow. 내일은 몹시 추울 것이다.
[잇을 비 베리 코울드 터모오로우]

It's raining very heavily now. 지금 비가 몹시 쏟아지고 있다.
[잇츠 뤠이닝 베리 헤빌리 나우]

gee [지이] (감탄사) 아이고
misty [미스티] 안개 낀
Las Vegas [라스베이거스] 미국의 유명 도박 도시
heavily [헤빌리] 무겁게, 몹시

알아보기

- 날씨 표현할 때 꼭 알아야 할 단어는 weather이고 날씨는 어떤가를 묻는 가장 일반적인 말은 What's the weather like?

- weather like에서 like는 좋아하다가 아니고 ~과 같은의 뜻의 전치사. 전치사 공부는 뒤에 하니까 여기선 같은 단어가 다른 뜻으로 사용된다고만 알아둡니다.

- What's the weather like 다음에 tomorrow, next week 등 때의 단어가 올 수도 있고 in Seoul처럼 장소의 단어가 올 수도 있겠죠?

- Nice weather we're having!은 원래 We're having nice weather.에서 nice weather를 강조하려고 앞에 나왔어요. 강조부분을 먼저 말하는 경우가 많습니다.

- going to be는 줄여 gonna be라고 해요. 우리도 "하려고 한다"를 "하련다"라고 이렇게 줄여 말하듯.

- 이 밖에 유용한 날씨 단어들에는 pouring [포오링] (퍼붓는), boiling [보일링] (찌는 듯이 더운), scorching [스코오칭] (매우 뜨거운), freezing [프리이징] (몹시 추운) 등이 있어요. 예를 들어 너무 더우면 날씨가 찐다고 하죠?

  It's boiling (scorching, freezing). 날씨가 몹시 찐다(덥다, 엄동설한이다).

  The rain is pouring down. 비가 세차게 내린다.

◎ It'll & That'll 발음

It'll (It will)은 [잇을 → 이들]로, That'll (That will)은 [댓을 → 대들]로 발음.

◎ R과 L 발음 연습

R발음: R 앞에 우를 추가해서 발음. ···➝ Right, Rain

L발음: 혀끝을 윗니의 뿌리부분에 붙였다 떼며 발음. ···➝ Light, Lane

Right [우라잇 → 롸잇] 옳은

└→ 라잇 앞에 우를 추가하면 입술이 자연이 오그라듬. 이트는 잇이 돼 우라잇 → 롸잇.

Light [라잇] 빛

└→ 혀끝을 윗니의 뿌리부분에 붙였다가 라잇으로 발음. 이 때도 이트는 잇이 돼 라잇.

어렵다고요? 절대 아닙니다. 단지 R발음 때 우의 추가가 필요한 이유는 L 발음과 다르기 때문. R이나 L이나 우리말로는 다 [ㄹ] 발음이므로 이런 요령이 중요합니다. R발음에서 [우라] = [롸]가 됩니다. R 다음의 모음에 따라 뤠, 뤼, 뤄 등이 됩니다.

연습

All right [올 롸잇]

└→ All의 L과 right의 R을 다르게!

Rain [우레인 = 뤠인]

└→ R 다음 모음이 a(에)이므로.

Return [우리턴 = 뤼턴]

└→ R 다음 모음 e의 발음이 i(이)므로.

Row [우로우 = 뤄]

└→ R 다음 모음 ow의 발음이 ou(오우)여서 뤄처럼 들림.

1. 감탄사 배우기

감탄은 인간만 누리는 특권인 만큼 여러 가지예요. 다음 예문들을 보세요.

1) 감탄사 Ah [아] 아아! Gee [지이] 아이고(놀라움) Oops [웁스] 아이쿠(실수 등)

   Ah, it's very hot! 아, 아주 더워!

2) 감탄사 Alas [얼래쓰] 아아! 슬프도다! Huh [하] 하, 정말!

   Alas, it's raining! 아 슬프다, 비가 오는구나!

3) 감탄사 Ouch [아우취] 아야, 아이쿠, Phew [퓨우] 휴우 (안도의 한숨 등)

   Ouch, it's freezing! 아이쿠, 얼어 죽겠네!

2. 원형과 줄임

1) 일상 대화에서 do와 will 등이 not과 결합할 때는 다음처럼 줄여 쓰는 경우가 많다.

원형	줄임
do not	don't
does not	doesn't
will not	won't

2) 일상 대화에서 대명사(I, we, you, he, she, it, they)와 will이 결합할 때는 다음처럼 줄여 쓰는 경우가 많다.

원형	줄임
1인칭 I, we + will	I'll, we'll
2인칭 you + will	you'll
3인칭 he, she, it, they + will	he'll, she'll, it'll, they'll

그림으로 배우는 단어

1 **department store**
[디파아트먼 스토어] 백화점

2 **lift = elevator**
[립트] [엘러베이터] 엘리베이터

3 **escalator**
[에스컬레이터] 에스컬레이터

4 **customer** [커스터머] 고객

5 **store clerk**
[스토어 클럭] 점원

6 **counter** [카운터] 계산대

7 **cashier** [캐쉬어] 계산원

8 **sale** [세일] 염가특매

9 **fitting room**
[피딩루움] 옷 입어보는 곳

10 **clothing** [클로우딩] 의복

11 **dress** [드레스] 복장, 정장

12 **credit card**
[크레딧 카드] 신용카드

13 **boutique** [부우티익]
유행 여성복 · 액세서리 양품매장

1. 아래에 적힌 힌트를 보고 적당한 단어를 다음에서 골라 적어보세요.

weather, Nice, rain, in Seoul, today

❶ 형용사: weather we're having.

❷ What's the weather like 장소: ?

❸ It's going to rain 때: .

❹ What's the 명사: for tomorrow?

❺ It's gonna 동사: .

2. 빈칸에 맞는 뜻을 골라 보세요.

❶ freezing	A. 청명한
❷ great	B. 몹시 추운
❸ bright	C. 퍼붓다
❹ pour	D. 좋은

3. 다음 2개의 단어를 하나로 줄여 빈칸에 적어보세요.

❶ do not

❷ I will

❸ It will

정답

1. ❶ Nice ❷ in Seoul ❸ today ❹ weather ❺ rain
2. ❶ B ❷ D ❸ A ❹ C
3. ❶ don't ❷ I'll ❸ It'll

재미있는 공부 에피소드

불운을 딛고 대성한 해리 포터 작가 제이 케이 롤링 (J. K. Rowling)

Photo by Daniel Ogren

Harry Potter의 작가 J. K. Rowling은 영국의 몹시 가난한 가정에서 태어났습니다. 결혼도 실패해 빈민구호 원조를 받아 아이와 어렵게 살았으나 열심히 공부했습니다. 많은 출판사들이 해리포터 출판을 거절했으나 한 출판사가 출간해 주었습니다. 이 시리즈는 4억 권 이상 팔렸고 2011년 롤링의 재산은 1조2천억 정도였습니다. 많은 저술상과 명예박사학위를 받았습니다. 다음은 그녀의 명언 중 하나입니다.

Don't sink under your pain.

고통에 빠져도 침몰하지 말라.

다음과 미리보기

Hana and Chanho go shopping.

하나와 찬호가 쇼핑하러 갑니다.

Where are you going, Chanho? 찬호 어디 가?
[웨어 아 유 고잉 찬호]

I'm going to the department store.
[아임 고잉 투 더 디파아트먼 스토어] 백화점에 가는 중이야.

Would you go with me? 나와 같이 갈래?
[우쥬 고우 위드 미]

What do you want to buy? 뭘 사려고?
[왓 두 유 원 투 바이]

I have to buy jeans. 청바지를 사야 해.
[아이 햅투 바이 진즈]

알아보기

go shopping(쇼핑 하러가다)에서의 go ~ing 형태는 go hiking, skiing, golfing, fishing(하이킹, 스키, 골프, 낚시하러가다)처럼 ~ 하러가다 뜻의 흔한 형태입니다.

I am은 I'm으로 줄여 쓰죠. I am going to = I'm going to. 자주 반복하는 습관이 중요. Good habits lead to success. [굿 해빗츠 릿투 썩쎄스] (좋은 습관이 성공을 낳는다.)라는 명언도 있습니다.

*habit [해빗] 습관 *lead to ~을 낳다

앞서 going to = gonna와 be going to = will (~할 거다)을 배웠죠? 하지만 I'm going to the mall.은 I'm gonna the mall.이라고 하면 절대 안돼요(×). 이 경우는 예정을 말하는 게 아니라 실제로 지금 가고 있는 거예요.

I'm going to Seoul. 서울로 가고 있다.

I'm going to the bus terminal. 터미널로 가고 있다. *terminal [터머널] 종착역

그럼 난 집에 가려고 합니다. (예정)는? I'm going to go home.

Would you go ~? 에서 Would는 공손함을 표현하는데 문법용어로는 가정법이라고 합니다. 가정법은 골치가 아파? 조금도 어렵지 않습니다. 배우세! *would [우드] ~ 하겠어요? 등 무엇을 할 뜻이 있는지 물을 때 사용

going to = gonna이듯 want to도 줄여 wanna [워너]. I wanna buy jeans. (진을 사고 싶어.) have to는 ~을 해야한다는 뜻. have to도 줄여 hafta [햅타]라고도 합니다. I have to (= hafta) work. (난 공부해야 한다.)

where [웨어] 어디에, 어디로

accompany [어컴퍼니] 누구와 함께 가다

go with ~와 함께 가다

mall [몰] 쇼핑센터

want [원트] 원하다

buy [바이] 사다

Can I help you? 도와 드릴까요? = 어서 오세요.
[캔 아이 헬프 유]

May I help you? 도와 드릴까요? = 어서 오세요.
[메이 아이 헬프 유]

How can I help you? 어떻게 도와 드릴까요? = 어서 오세요.
[하우 캔 아이 헬프 유]

Yes, how much is it (that skirt)? 네. 이것(저 스커트) 얼마죠?
[예스, 하우 머치 이즈 잇 (댓 스커엇)]

It's thirty dollars. 30달러입니다.
[이츠 써리 달러즈]

Can I try it on? 입어 봐도 될까요?
[캔 아이 트라잇 온]

Yes, what size are you? 네. 사이즈가 어떻게 되시죠?
[예스 왓 사이즈 아 유]

I don't know. 모르겠는데요.
[아이 돈 노우]

OK, try a size 5. 네, 그럼 5호 사이즈를 입어보세요.
[오케이 트라이 어 사이즈 파이브]

Where is the changing room? 어디서 입어볼까요?
[웨어 이즈 더 체인징 루움]

thirty [써리] 30
try [트라이] 시도해 보다
size [사이즈] 크기
dollar [달러] 달러
try it on [트라이 잇 온] 입어보다
changing [체인징] 바꾸는, 갈아입는

가게에서 손님이 물건을 직접 고르기도 하지만 점원이 Can (May, How may, How can) I help you? 또는 How may (can) I serve you?라며 도와줍니다. What can I do for you? [왓 캔 아이 두 포 유]라고도 해요. 우리 점원들도 요즈음은 영어의 영향으로 뭘 도와 드릴까요?라고 하는데 어서 오세요.의 뜻이죠.

도와 드릴까요?라고 물으면 네(Yes).라고 하고 물건 값을 많이 묻는데 여러 표현을 씁니다. 가장 일반적인 것은 How much is it?과 How much does it cost?

How much is it? = How much does it cost? 이건 얼마죠?
[하우 머치 이즈 잇] [하우 머치 다즈 잇 코스트]

How much is (does) this sweater (cost)? 이 스웨터 얼마죠?
[하우 머치 이즈 (다즈) 디스 스웨러 (코스트)]

위의 물음에 대한 대답으로는

It's ten dollars. = It costs ten dollars. 10달러입니다.
[잇츠 텐 달러즈] [잇 코스트 텐 달러즈]

입어 봐도 될까요?는 Can (May) try it on? 특히 사이즈가 맞나 입어 볼까요?는 Can I try it (on) for size?라고 해요. 이 때 on은 생략해도 됩니다.

옷을 입어보는 곳을 changing room이라고 하는데 dressing room [드레씽 루움] 또는 fitting room [피딩 루움] 이라고도 합니다.

◎ **Would + you의 발음**

Would와 you가 한 단어인 것처럼 [우쥬]라고 발음합니다.

◎ room의 발음도 자세히는 [우루움]이 되지만 루와 움에 이미 우가 들어가 있어 루움이 되는데 항상 우를 추가해 발음하는 요령은 의식하고 있어야 합니다. 또한 해리 포터 작가 이름 Rowling은 [뤄링]으로 발음.

◎ **does를 약하게 발음**

How much does it cost?에서 does는 들릴락 말락 약하게 다즈라고 발음합니다.

How much does the cup cost? 그 컵 얼마죠?

◎ 30 = thirty는 써리, 40 = forty도 포리라고 발음합니다. 20~90의 발음은 앞 음 영향으로 끝이 니(ny), 리(ry), 티(ty), 디(dy)로 발음됩니다. 모두 8개만 주의하면 됩니다. 이들 숫자들은 모두 기수입니다.

20 twenty [퉤니]	30 thirty [써리]	40 forty [포리]	50 fifty [핍티]
60 sixty [씩스티]	70 seventy [쎄븐디]	80 eighty [에이디]	90 ninety [나인디]

1. 접속사 배우기

Chanho and I (= Hana) 찬호와 하나에서 and(와, 과, 그리고)가 접속사. 접속은 연결인데 and가 찬호와 하나를 연결하고 있다.

접속사	예문
and	Sit down and eat. 앉아서 먹어라.
but	Today is fine, but tomorrow will be cloudy. 오늘은 맑지만 내일은 흐릴 것이다.
so	I did not eat lunch, so I'm hungry. 점심을 먹지 않아 배가 고프다.

2. 전치사 배우기

전치사의 전(前)은 앞, 치(置)는 두다, 사(詞)는 말이라는 뜻. 즉, 앞에 두는 말. 무엇 앞에? 명사 앞에 둬 명사를 돕는다.

전치사종류	전치사	예문	주의사항
장소	in	Hana lives in Seoul. 하나는 서울에 산다.	하나의 전치사가 여러 종류로 사용되는 경우가 많다.
시간	at	Hana gets up at 7. 하나는 7시에 일어난다.	
방향	to	Hana goes to the mall. 하나는 몰에 간다.	
수단	by	Hana comes by bus. 하나는 버스로 온다.	

3. 8품사 정리하고 넘어가기

배운 것을 자주 정리해보는 것이 문법정복의 비결!

품사	뜻	예
명사	세상 모든 것을 지칭하는 말	Kim Hana, pen, morning
대명사	명사를 대신하는 말	I, you, it
동사	동작, 감정, 지각 등 움직임에 관한 말	go, like, see
형용사	명사를 꾸며주는 말	good, beautiful, cold
부사	동사, 형용사, 다른 부사를 꾸며주는 말	very, yes, sure
접속사	A와 B를 연결시켜주는 말	and, but, so
전치사	명사 앞에서 장소, 시간 등을 나타내는 말	in, at, to
감탄사	놀람, 기쁨 등을 나타내는 말	Oh, Ah, Gee

1 **coffee house** [커피 하우스] 커피점

2 **coffee bean** [커피 빈] 커피 열매

3 **coffee pot** [커피 팟] 커피 주전자

4 **coffee saucer** [커피 소오서] 커피 잔 받침 접시

5 **mug** [머그] 손잡이 있는 컵

6 **decaf** [디이캡] 카페인 제거 커피

7 **Americano** [어메리카노우] 아메리카노

8 **Espresso** [에스프렛소우] 에스프레소

9 **Cappuccino**
[캐푸치이노우] 카푸치노

10 **Caffe Latte**
[카페 라테이] 카페 라떼

11 **iced coffee**
[아이스트 커피] 냉커피

12 **takeout** [테이크아웃]
사 가지고 가는 커피(음식 등)

13 **beverage** [베버리지] 음료

14 **tumbler** [텀블러]
손잡이가 없는 컵, 텀블러

잘 배웠나 알아보기

1. 빈칸에 들어갈 가장 적당한 단어를 고르시오.

❶ Where are you ______ ① going? ② mall ③ Chanho

❷ What do you ______ to buy? ① store ② want ③ with

❸ May I ______ you? ① me ② buy ③ help

❹ How ______ is it? ① much ② cost ③ serve

❺ Can I ______ it on? ① know ② try ③ jeans

❻ What ______ are you? ① OK ② size ③ room

2. 관련된 단어를 서로 짝지어 보세요.

❶ 명사 A. like

❷ 대명사 B. Oh

❸ 동사 C. you

❹ 부사 D. pen

❺ 감탄사 E. very

정답

1. ❶ ① ❷ ② ❸ ③ ❹ ① ❺ ② ❻ ②
2. ❶ D ❷ C ❸ A ❹ E ❺ B

쉽고 즐거운 영어 동요

QR코드로 노래를 들어보세요!

Ten Little Indians

텐 리틀 인디언즈

다음과 미리보기

Chanho, would you like some coffee?

Yes, that would be great.

6 Let's have some coffee.

커피 좀 합시다.

시작해보기

Hana, what a beautiful morning!
[하나 와러 뷰터펄 모닝] 하나, 정말 좋은 아침이야!

Yes, what a wonderful day!
[예스 와러 원더펄 데이] 정말 좋은 날이야!

Would you like some coffee? 커피 좀 마시겠어?
[우쥬 라익 섬 커피]

Yes, that would be nice. Thank you.
[예스 댓 웃비 나이스 땡큐] 그럼, 커피 아주 좋지. 고마워.

How about caffe latte? 카페라떼 어때?
[하우 아바웃 카페 래테이]

That would be great! I love it.
[댓 웃비 그레잇 아이 러빗] 아주 좋지! 정말 좋아해.

알아보기

감탄은 인간만의 특권이라 했죠? 야! 넌 정말 착한 사람이야! 이런 감탄 많이 하면 복 받습니다. 감탄에 인색하면 복이 오다가도 나간다죠! 감탄문을 만드는 가장 대표적 방법의 하나는 [What + a + 형용사 + 명사] 형태.

What a wonderful night! 정말 황홀한 밤이네요!
[와러 원더펄 나잇]

What a great party! 정말 근사한 파티군요!
[와러 그레잇 파리]

What a nice man (woman) you are! 당신은 정말 좋은 사람이야!
[와러 나이스 맨(우먼) 유아]

What a nice man you are!에서 you are는 왜 들어가느냐? 좋은 사람이 바로 당신(너)이라는 것이죠. 그럼 그녀는 정말 예쁜 여성이다!는? she is를 붙여야 겠죠?

What a pretty lady she is!
[와러 프리디 레이디 슈 이즈] *pretty [프리디] 예쁜, 귀여운 *lady [레이디] 여성, 귀부인

How (= What) about A?는 A는 어떤가?하는 물음. would be nice (great)에서 would be는 ~하겠는데요의 뜻. 다음도 유사한 표현입니다.

That would be wonderful (beautiful, fantastic). 그것 굉장히 좋겠는데요.
[댓 웃비 원더펄 (뷰우터펄, 팬태스틱)] *fantastic [팬태스틱] 환상적인, 멋진

What's your favorite place for coffee? 좋아하는 커피숍은 어디야?
[왓츠 유어 페이버릿 플레이즈 포 커피?]

I like Starbucks. 난 스타벅스가 좋아.
[아이 라익 스타아벅스]

I like it, too. 나도 그래.
[아이 라이킷 투]

There's a lot to choose. 여러 가지가 있거든.
[데어즈 어랏 투 추즈]

What about going there tomorrow? 내일 가면 어때?
[왓 어바웃 고잉 데어 터모오로우]

That's a good idea! 좋은 생각이야.
[댓처 굿 아이디어]

It'll be fun if we go to Starbucks. 스타벅스에 가면 신나겠어.
[이들 비 펀 이퓌이 고우 투 스타아벅스]

Oh, I love the smell of coffee here! 아! 이곳 커피 냄새가 참 좋아!
[오우, 아이 러브 더 스멜 업 커피 히어]

I'll buy you the coffee you like. 좋아하는 커피를 사 줄게.
[아일 바이 유 더 커피 유 라익]

Oh, that's very nice of you. 오, 친절도 해라!
[오우, 댓츠 베리 나이서 뷰우]

What would you like? 무슨 커피를 마시겠어?
[왓 우쥬 라익]

favorite [페이버릿] 좋아하는
choose [추즈] 선택하다
fun [펀] 재미
a lot [어랏] 많이(은)
idea [아이디어] 생각
smell [스멜] 냄새

좋아하는 장소, 음식, 운동 등을 말할 때 툭하면 쓰는 단어가 favorite입니다. favorite place (food, sport) 등. favorite은 명사도 되어 좋아하는 것이란 뜻입니다. 친구와 좋아하는 운동에 대해 말하고 있다면?

What's your favorite (sport)? 좋아하는 운동은?
[왓츠 유어 페이버릿 (스포옷)]

Golf is my favorite. 골프를 좋아해.
[골프 이즈 마이 페이버릿]

a lot은 자주 사용되는 숙어. 거긴 즐길 게 많아. = There's a lot to enjoy.

I like it, too.에서 too가 들어가면 나도 (너처럼) 좋아한다.

누가 가령 기침을 할 때 물 좀 마셔보면 어떨까요?라고 묻는데 How (What) about를 사용합니다. What (How) about 다음 go (drink) + ing 형태가 보이는데 [+ ing]를 동명사라고 해요. 이건 뒤에 문법정리에서 배웁니다. 배우세!

How (What) about drinking some water? 물 좀 마셔보면 어떨까요?
[하우 (왓) 아바웃 드링킹 섬 워러]

What (How) about going to see a movie tonight?
[왓 (하우) 아바웃 고잉 투 씨 어 무비 투나잇] 오늘 저녁 영화 보러 갈까요?

Do you like water (air)?는 말도 안 되지만 물 좀 드릴까요?는 Would you를 사용해 Would you like some water?라고 하는데 Would you가 뜻을 바꾸는 약입니다.

◎ It's (It is), That's (That is) & What's (What is)

Let's (Let us) go.에서 Let's의 발음이 렛츠인 것처럼 It's = 잇츠, That's = 댓츠, What's = 왓츠. 3가지 사이에 공통규칙이 발견되죠? [ㅅ+츠] 규칙. 또한 It's와 That's 다음 부정관사 a가 나오면 잇처, 댓처로 각각 발음.

◎ caffe latte = coffee + milk의 이탈리아어. 영어발음은 [캐페이 라테이].

◎ F와 P발음

F는 윗 이를 아랫입술 가운데 가볍게 붙이고 숨을 내쉬며 에프 발음.

··· Fun, Fork

P는 윗입술과 아랫입술을 붙인 후 숨을 내쉬며 피 발음.

··· Place, People

연습

Fast [패스트] 빠른	Food [푸우드] 음식	Fan [팬] 팬
Past [패스트] 과거	Pool [푸울] 수영장	Pan [팬] 냄비

* 앞에서 배운 R과 L, B와 V 그리고 오늘 배운 F와 P. 이 3가지 부류가 영어에서 가장 신경 써야할 발음인데 이것들은 오늘로 다 정복! Cheer up! (힘냅시다!)

쉬운 문법 정리하기

1. 관사 배우기

관사(冠詞)는 형용사의 일종이므로 명사를 꾸미되 모자(갓) 관(冠), 말 사(詞). 즉 모자처럼 명사 위에 쓰는 말. 별난 형용사라 따로 관사라 합니다. 관사에는 정관사 the와 부정관사 a가 있어요. 정관사란 the man(그 사람)처럼 사람이 정해져있다는 뜻. 부정관사란 a man(어느 사람)처럼 누구인지 정해져 있지 않다는 뜻. 단, 모음으로 시작되는 단어 앞에는 부정관사 an을 씁니다.

관사 종류	사용의 예	설명
정관사 the	the day 그 날	딱 정해진 바로 그 날
부정관사 a	a day 어느 날	정해지지 않은 막연한 어느 하루
부정관사 an	an apple 한 사과	apple이 모음 a로 시작돼 an apple

2. 모음과 자음

A(아), E(에), I(이), O(오), U(우)는 모음, 나머지는 모두 자음.

A	E	I	O	U
Art [아트] 예술	End [엔드] 끝	Inn [인] 호텔	Oar [오오] 노	July [줄라이] 7월

* 단, Y(이)는 자음(예: Yard [야아드] 야드)과 모음(예: Hymn [힘] 찬송가) 2가지로 쓰임.

3. 동명사 배우기

동사와 명사 2가지 역할을 하도록 변형된 동사가 동명사. 부정사도 동사지만 이런 식의 여러 가지 역할을 합니다. 부정사? 배우세!

동명사의 예	설명
drinking [드링킹] 마시기, 음주	drink(마시다) + ing → 마시기, 음주의 뜻으로
going [고우잉] 가기, 보행	go(가다) + ing → 가기, 보행의 뜻으로

그림으로 배우는 단어

Telephone Talk (전화 대화)

전화

telephone
[텔러포운]

휴대전화

cell phone
[셀 포운]

대화

conversation
[칸버세이션]

(전화를) 걸다

call
[코올]

(전화에) 응답하다(받다)

answer
[앤서]

전하는 말

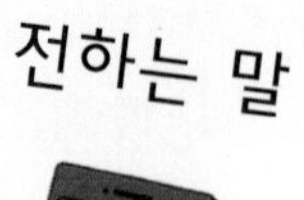

message
[메시지]

전화를 끊다

hang up
[행 업]

틀린 (전화)번호

wrong number
[로옹 넘버]

통화중인

busy
[비지]

긴급한, 중요한

urgent
[어어전]

일정, 스케줄

schedule
[스케줄]

미안한

sorry
[쏘오리]

돌아오다

be back
[비 백]

1. 빈칸에 들어갈 가장 적당한 단어를 골라 보세요.

❶ What a ______ morning! ① wonderful ② day ③ how

❷ I ______ it. ① coffee ② love ③ would

❸ What's your ______ sport? ① place ② choose ③ favorite

❹ What about ______ there now? ① going ② come ③ go

❺ That's very ______ of you. ① fun ② nice ③ like

2. 오른쪽 괄호에 있는 단어들에서 적당한 것을 골라 적어보세요.

❶ 많은 것 (a lot, buy, would)

❷ 선택하다 (here, choose, there)

❸ 예쁜 (pretty, fan, pool)

❹ 생각 (idea, drink, smell)

3. 빈칸에 적당한 관사를 다음 괄호 안에서 골라 적어 보세요. (a, an, the)

❶ ______ opera (한 오페라)

❷ ______ lady (그 여성)

❸ ______ party (한 파티)

정답

1. ❶ ① ❷ ② ❸ ③ ❹ ① ❺ ②
2. ❶ a lot ❷ choose ❸ pretty ❹ idea
3. ❶ an ❷ the ❸ a

재미있는 공부 에피소드

극심한 고난을 이겨낸 토크쇼 (talk show)의 여왕 오프라 윈프리 (Oprah Winfrey)

Photo by Alan Light

★ 그녀는 어린 시절 몹시 가난해 감자부대로 만든 옷을 입었고 왕따 당했습니다. 9살부터 사촌(cousin) 등 친척들의 온갖 성폭력에 시달리다 13세에 가출했습니다. 그녀는 영리(smart)해서 3살에 성경(bible)을 읽어 "목사" 별명도 얻었지만 불량학생이 되었습니다. 그러나 강한 의지로 재기해 우등생이 되었고 웅변대회에서 우승해 장학생으로 대학에서 매스컴을 공부했습니다. 20세기의 유일한 억만장자 흑인여성, 가장 위대한 흑인자선사업가, 가장 유력한 여성 등의 명예를 얻고 있습니다.

Nothing happens by chance.
No such thing as luck.

우연히 되는 건 아무 것도 없다.
세상에 운수란 아예 없는 것이다.

다음과 미리보기

Is Hana there?

하나 씨 있습니까?

시작해보기

Can I speak to Hana, please? 하나 있어요?
[캔 아이 스픽 투 하나 플리즈]

This is she speaking. 접니다.
[디스 이즈 쉬 스피킹]

Is this Chanho? (전화 받는 분이) 찬호인가요?
[이즈 디스 찬호]

May I ask who's calling? 누구신지요?
[메이 아이 애스크 후스 콜링]

OK. I'll tell Hana you called.
[오케이 아일 텔 하나 유 콜드] 네. 당신이 전화했다고 하나에게 전하겠습니다.

Would you like to leave a message?
[우쥬 라익 투 리이버 메시지] 전할 말씀이 있으신가요?

알아보기

- 통화를 할 때 무엇보다 먼저 통화할 사람과 연결돼야죠? A라는 사람을 찾을 때 쓰는 상용어구가 Can I speak to A, please? 여기서 Can 대신 May나 Could를 써도 됩니다. 전화로 찾는 사람이 본인이면 This is he(she). 또는 This is he(she) speaking. 간단히 Speaking이라고 해도 됩니다.

  May (Could) I speak to Nari? 나리 있나요?
  [메이 (쿳) 아이 스픽 투 나리]

  This is she. = This is she speaking. = Speaking. 접니다.
  [디스 이즈 쉬 디스 이즈 쉬 스피킹 스피킹]

- 전화 받는 사람에게 혹시 나리입니까?라고 물을 때는 Is this Nari?라고 하고 나리 있나요?라고 물을 땐 Is there Nari?

- 받는 쪽에서 누구시죠?라고 물을 땐 (May I ask) who's calling, please? 여기서 May I ask는 생략가능. 또는 Could I have your name, please? 답은 This is her(his) friend, Gilsu. (저는 친구 길수입니다.) 또는 My name is Gilsu. I'm Nari's friend. (제 이름은 길수인데 나리의 친구입니다.) 등으로 말합니다.

- 부재중이면 I'm sorry. He's (She's) not here right now. (죄송하지만 지금 없는데요.) 그 다음 Would you like to leave (Can I take) a message?라고 합니다.

I'm sorry, could you speak up, please?
[아임 쏘리 쿠쥬 스픽업 플리즈?] 죄송하지만 좀 크게 말씀해 주시겠어요?

I'm sorry, I didn't get that.
[아임 쏘리 아이 디든 겟 댓] 죄송하지만 무슨 말씀인지 알아듣지 못했습니다.

What time will he be back? 그가 몇 시에나 돌아올까요?
[왓 타임 윌 히 비 백]

Around five fifteen. 5시 15분경에요.
[어롸운드 파이브 핍티인]

Actually, it's fifteen, not fifty. 50분이 아니라 15분입니다.
[액추얼리 이츠 핍티인 낫 핍티]

Please hold on. Let me see whether he's come.
[플리즈 호울드 온 렛미 씨 웨더 히즈 컴] 끊지 마세요. 왔는지 확인할게요.

Your friend Chanho is on the line.
[유어 프렌 찬호 이즈 온 더 라인] 친구 찬호 씨는 지금 통화중입니다.

Any message for Hana? 하나에게 전할 말씀 있으세요?
[에니 메시지 포 하나]

No, thanks. I'll call again. 아니요, 고맙습니다. 다시 전화하겠습니다.
[노우 땡쓰 아일 콜 어겐]

May I hang up? 전화 끊어도 될까요?
[메이 아이 행 업]

Could you ask her to call me back?
[쿠쥬 애스크 허 투 콜 미 백] 저에게 전화하라고 말씀해 주시겠어요?

speak up [스피컵] 목소리를 높이다 get that [겟댓] 그걸 이해하다
be back [비백] 돌아오다 hold on [호울드 온] 전화를 끊지 않다
whether [웨더] ~인지 어떤지를

걸려온 전화 소리가 잘 안 들리면 다음의 간단한 표현들을 사용합니다.

I'm sorry, I can't hear you very well. 죄송하지만 잘 들리지 않습니다.
[아임 쏘리 아이 캐앤 히어류 베리 웰]

I'm sorry, the line's bad. 죄송하지만 전화상태가 좋지 않습니다.
[아임 쏘리 더 라인즈 뱃]

Could you say it again, please? 다시 말씀해 주시겠어요?
[쿠쥬 세이 잇 어겐 플리즈]

통화 중 숫자 등을 잘못 듣는 경우가 있습니다. 일례로 fifteen(15)과 fifty (50)를 혼동할 수 있습니다. 이럴 때 Actually(사실은)를 씁니다. 특히 Actually A, not B (A가 맞고 B가 아니다)의 표현이 유용합니다.

*actually [액추얼리] 사실은

걸려온 전화를 받아야할 사람이 다른 전화를 받고 있으면 He(She) is on the line. 또는 He(She) is on another line.

*on the line [온더라인] 전화를 받고 있는

대화를 끝내고 전화를 끊어도 되는지 May I hang up?이라고 묻습니다. 없는 번호에 전화하면 The number (you dialed) is not in service. Please hang up now. (없는 번호입니다. 지금 끊어주세요.)라는 자동음성메시지가 들리기도 합니다. *hang up [행업] 전화를 끊다

상대가 전화해주길 바라면 Could you ask her(him) to call me (back)? call me back = return my call. 여기서 Could you도 Would you처럼 공손함을 나타내는데 앞서 언급한 가정법 중에서 가정법 미래 표현. → 뒤 문법정리와 부록에서 배우세!

◎ leave a, have a, did a 등을 1개 단어처럼 붙여 발음

leave a message에서 leave a의 발음은 리이버입니다. 리버가 아니고 리이버인 것은 leave가 리이브로 발음되기 때문. have a good day에서 have a의 발음도 해버. You did a good job. [유 디더 굿 잡] (잘 했어.)에서 did a도 디더로 발음.

◎ Would (Could) you 와 Would (Could be): 우쥬, 쿠쥬, 웃비, 쿳비로 각각 발음

◎ I can't hear ~.에서 can't와 can의 뜻은 반대지만 발음은 캐앤과 캔으로 거의 차이 없음.

◎ R & L, F & P, V & B 익히기 코너

R & L, P & F, V & F 발음 습관화

앞서 발음방법은 정복했지만 실제 대화에서 정확히 하려면 습관화해야 합니다. 따라서 이 코너에서는 단어들을 반복 연습합니다. 다음 단어들을 짝지어 연습하세요.

Run [뢴] 달리다
Line [라인] 선

For [포오] 위한
Pour [포오] 퍼붓다

Very [베리] 아주
Berry [베리] 딸기 류 베리

Right [롸잇] 옳은
Leave [리이브] 남기다

Fifty [핍티] 50
Pen [펜] 펜

Voice [보이스] 목소리
Buy [바이] 사다

쉬운 문법 정리하기

1. 기수 배우기: 1~19

수에는 기수와 서수가 있습니다. 기수는 하나(one), 둘(two), 셋(three) 등 수량을 나타내는 수이고 서수는 첫째, 둘째, 셋째 등 순서를 나타냅니다. 아래 표는 1~19까지의 기수입니다. 20~90의 기수는 앞서 제5과 발음 익히기에서 이미 배웠습니다. 서수는? 배우세!

1 one [원]	2 two [투우]	3 three [쓰리]	4 four [포]	5 five [파이브]
6 six [식스]	7 seven [세븐]	8 eight [에잇]	9 nine [나인]	10 ten [텐]
11 eleven [일레븐]	12 twelve [탤브]	13 thirteen [써어티인]	14 fourteen [포오티인]	15 fifteen [핍티인]
16 sixteen [식스티인]	17 seventeen [쎄븐티인]	18 eighteen [에이티인]	19 nineteen [나인티인]	20 twenty [퉤니]

2. Whether의 용법

whether는 A인지 어떤지의 여부를 뜻하는 접속사. 다음 2개 예문만 알아두면 whether의 용법 간단히 정복됩니다. or not은 생략되는 경우가 많습니다.

I don't know whether he is happy or sad. 그가 기쁜지 슬픈지 알 수 없다.

I'm not sure whether she will come (or not). 그녀가 올지 안 올지 확실치 않다.

3. 가정법 미래

장래 실현되기 힘든 가정, 뭘 하고픈 의지, 공손함 등을 나타냅니다.

Would (Could) you go with me? 나와 같이 가시겠어요? (공손한 질문)

I'd (= I would) love to. 그럼요. (공손한 답변)

가정법 다른 용법은 부록에서 배우세!

Introduction (소개)

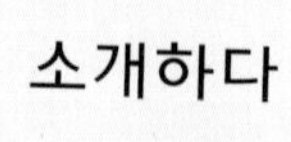

소개하다

introduce
[인트러듀우스]

만나다

meet
[미잇]

기쁜

glad
[글랫]

허락하다

allow
[얼라우]

판매, 마케팅

marketing
[마아키딩]

판매촉진

promotion
[프러모우션]

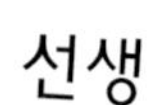

teacher
[티이쳐]

역사

history
[히스터리]

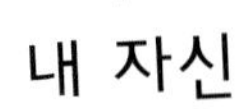

myself
[마이쎌프]

가져오다

bring
[브링]

인상

impression
[임프렛션]

세너제이(미국 도시)

San Jose
[쌔너제이]

종종

often
[옵턴]

잘 배웠나 알아보기

1. 빈칸에 들어갈 가장 적당한 단어의 번호를 넣으세요.

❶ ______ I speak to Nari, please? ① Can ② Hello ③ Who

❷ May I ask who's ______ ? ① you ② calling ③ name

❸ Can I take a ______ ? ① name ② time ③ message

2. 빈칸에 들어갈 숫자와 맞는 번호를 고르세요.

❶ five = ______ ① 3 ② 5 ③ 7

❷ seventeen = ______ ① 12 ② 15 ③ 17

3. 영문과 우리말을 보고 빈칸에 들어갈 적당한 번호를 고르세요.

❶ Could you ______ , please? = 좀 크게 말씀해 주시겠어요?

① speak up ② tell ③ again

❷ What time will he ______ ? = 그가 몇 시에나 돌아올까요?

① call ② see ③ be back

❸ Please ______ . = (전화를) 끊지 마세요.

① hang up ② hold on ③ ask

4. 표현과 뜻이 유사한 것을 고르시오.

❶ I can't hear you very well. A. This is she.

❷ This is she speaking. B. The line's bad.

정답

1. ❶ ① ❷ ② ❸ ③
2. ❶ ② ❷ ③
3. ❶ ① ❷ ③ ❸ ②
4. ❶ B ❷ A

재미있는 공부 에피소드

Photo by Natasha Baucas

고등학교 중퇴생으로 영화 황제가 된 피터 잭슨 경 (Sir Peter R. Jackson)

반지의 제왕(The Lord of the Rings)의 감독, 각본작가, 제작자인 피터 잭슨 경은 고교 졸업장도 없습니다. 사진촬영에 광적인 8세 소년 잭슨에게 부모친구가 무비카메라를 사주자 굉장한 단편영화들을 만들어 주위를 놀라게 하였습니다. 반지의 제왕은 아카데미상(Academy Award) 17개 부문 수상. 특히 "왕의 귀환"편은 작품, 감독상 등 11개 부문을 휩쓸어 역대 최다수상 타이기록을 세웠습니다. 11억 달러의 흥행수익도 당시 세계 2위. 2012년 조국 뉴질랜드의 최고훈장 뉴질랜드 훈장(Order of New Zealand)을 받았습니다.

Frequently, the world doesn't know how to treat geniuses and just kill them off.

세상은 천재를 대우할 줄 모르고 그냥 없애버리는 경우가 허다하다.

다음과 미리보기

8 Glad to meet you.

뵙게 돼서 반갑습니다.

Chanho, I'd like you to meet Nari.

[찬호 아이드 라익 큐 투 밋 나리] 찬호 나리와 인사하세요.

Nari, this is Chanho. 나리, 이 분은 찬호야.

[나리 디씨즈 찬호]

How do you do? 안녕하세요?

[하우 두 유 두]

It's a pleasure to meet you. 뵙게 돼서 반갑습니다.

[잇처 플레저 투 밋츄]

Nari works for (at) the B&D Motor Co.

[나리 웍스 포 (앳) 더 비앤디 모우터 코우] 나리는 비앤디 자동차에서 일하죠.

pleasure [플레저] 즐거움
Motor [모우터] 자동차
work for (at) ~에서 근무하다
Co. [코우] 회사 = company [컴퍼니]

- 소개할 때 많이 쓰는 표현은 I'd like you to meet A. 다음은 유사한 표현들.

  I want you to meet my friend, Nari. 제 친구 나리를 소개할게요.
  [아이 원츄 투 밋 마이 프렌 나리]

  Let me introduce you to my friend, Aram. 제 친구 아람을 소개할게요.
  [렛 미 인트러듀우스 유 투 마이 프렌 아람]

- 격식 없이 여긴 철수예요라고 간단히 소개할 때는 Nari, this is Cheolsu. 또는 관계를 밝혀 This is my sister (brother), Sori. 내 동생 소리입니다.

- 소개받은 사람이 How do you do?라 하고 상대도 How do you do?라고 응답합니다. How do you do? 대신 It's a pleasure to meet you. 더 간단히는 Pleased (Glad, Nice, Good) to meet you. [플리즛(글랫, 나이스, 굿) 투 밋츄].

- 격식 없는 인사에선 How do you do? 대신 Hello 또는 Hi도 사용. 정리해 보죠.

  Hana: Chanho, this is my sister, Nari. 찬호, 내 동생 나리예요.
  Chanho: Hello (Hi). 안녕하세요.
  Nari: Pleased (Glad, Nice, Good) to meet you. 반갑습니다.

- 직장소개는 Nari works for the Customer Service Department of MG. 나리는 MG사 고객서비스부에 있어요. 판촉부에 근무하면 Nari works at the Promotions Department of MG.

  *customer service [커스터머 써어비스] 고객서비스 *promotion [프러모우션] 판매촉진

May I introduce myself? 저를 소개하겠습니다.
[메이 아이 인트러듀우스 마이셀프]

Nari, this is Chanho. Chanho, this is Nari.
[나리 디씨즈 찬호 찬호 디씨즈 나리] 나리, 여기가 찬호, 찬호 여기가 나리예요.

Have you two met each other? 두 분이 만난 적이 있나요?
[해뷰 투 멧 이취 아더]

No, we haven't. 아니요. 만난 적이 없습니다.
[노우 위 해븐]

Where are you from, John? 존, 어디서 오셨죠? (나라, 고향 등)
[웨어 라유 프럼 존]

I'm from the United States. 미국에서 왔습니다.
[아임 프럼 더 유나이팃 스테잇]

The United States, which part? 미국이요? 미국 어디시죠?
[유나이팃 스테잇, 위취 파아트]

San Jose, California. 캘리포니아 주 세너제이 시에서요.
[싸네제이 캘러포오녀]

What's your impression of Seoul? 서울은 보시기에 어떻습니까?
[왓츠 유어 임프렛션 업 소울]

Very interesting, but too crowded.
[베리 인터리스팅 벗 투 크라우딧] 아주 재미있지만 너무 혼잡하군요.

Is this your first time here? 여긴 처음이신가요?
[이즈 디스 유어 퍼스트 타임 히어]

met [멧] meet의 과거 및 과거분사　　each other [이취 아더] 서로
be (come) from ~에서 오다(출신이다)
interesting [인터리스팅] 재미있는　　crowded [크라우딧] 혼잡한

알아보기

- 자신을 직접 소개할 땐 May I introduce myself? 또는 Allow me to introduce myself. 다음에 My name is Hana. (제 이름은 하나입니다.) 등을 추가할 수 있습니다.

- Have you two met each other?는 소개받는 2사람을 향한 물음. 일방에게 물을 땐 Have you ever met Cheolsu? [해뷰 에버 멧 철수] 철수를 만난 적이 있나요?

- 친구를 소개해 달라고 말할 때도 있겠죠? 그리고 만나고 싶다는 의지를 강조할 필요도 있겠죠? 다음처럼 말합니다.

  Would you introduce me to your friend? 친구를 소개해 주시겠어요?
  [우쥬 인트러듀우스 미 투 유어 프렌드]

  I'd love to meet her. 그녀를 만나고 싶습니다.
  [아이드 러브 투 미이러]

- 선생님 이야기 많이 들었습니다. 또는 그는 선생님 이야기를 자주합니다. 등도 소개할 때 많이 씁니다.

  I've heard a lot about you. 선생님 이야기 많이 들었습니다.
  [아이브 허더랏 어바웃츄]

  He often speaks of you. 그는 선생님 이야기를 자주합니다.
  [히 옵턴 스픽써뷰]

- 외국인에겐 흔히 한국의 인상을 묻는데 What's your impression of Korea?라고 합니다. 초면에 묻지 말아야할 금기사항은 Age (나이), Birth date (생일), Salary (월급), Weight (몸무게), Marital status (결혼여부) 등입니다. 참고하세요.

◎ 2개 단어의 연결

this is 디씨즈로 발음. meet her [미이러]로 발음.

◎ t와 you의 연결

want you, about you, meet you 등에서 앞 단어 끝 글자 t가 you와 결합할 때는 츄로 발음. [t + you = 츄]의 공식.

◎ d, t, es의 탈음

friend와 haven't에서 프렌드 드와 해븐트 트가 탈음. 단어의 끝에 나오는 d와 t는 보통 탈음. States [스테잇쓰]에서 es는 ㅅ만 남고 쓰는 탈음 → [스테잇].

◎ United 원래 발음기호로는 유나이티드지만 실제 발음은 유나이팃(또는 딧). 이런 이유 등으로 기초 영어에서는 발음기호를 일단 무시하는 것이 효과적임. introduce [인트러듀우스]는 듀를 다소 길게 발음하여 듀우.

◎ heard a lot은 1개 단어처럼 연결해 허더랏. speaks of you도 1개 단어처럼 연결해 스픽써뷰.

◎ R & L, F & P, V & B 익히기 코너

Interesting	Friend	Love
Allow	Pleasure	But

1. I'd = I would (should, had)

대화 등에서는 I would가 줄어져 I'd [아이드]. 이 밖에 I should와 I had가 줄어져 I'd가 되기도 합니다. would, should, had 등을 조동사라고 해요. had는 본동사로도 쓰지만 조동사로 쓸 때만 I'd로 줄일 수 있어요. 조동사, 본동사는 또 뭣? 배우세!

I'd (= I would) like you to meet Duri. 두리를 소개할게요.

I'd (= I would) like some ice cream. 난 아이스크림을 좀 먹겠습니다.

I had used it. = I'd used it. (o) 난 그걸 사용했었다. → 조동사라 I'd 가능
[아이 햇 유스팃]

I had lunch. ≠ I'd lunch. (×) 난 점심을 먹었다. → 본동사라 I'd 불가능
[아이 햇 런치]

2. 원형과 줄임 추가정리

앞서 배운 do not = don't 등과 같은 방법으로 원형의 줄임을 더 공부합시다.

원형	have not	has not	had not	would not	could not	should not
줄임	haven't	hasn't	hadn't	wouldn't	couldn't	shouldn't

그림으로 배우는 단어

Illness (질병)

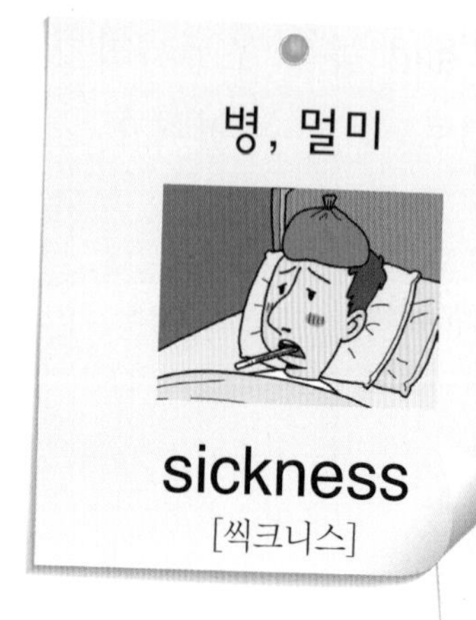

병, 멀미

sickness

[씩크니스]

두통

headache

[헤드에익]

복통

stomachache

[스타먹에익]

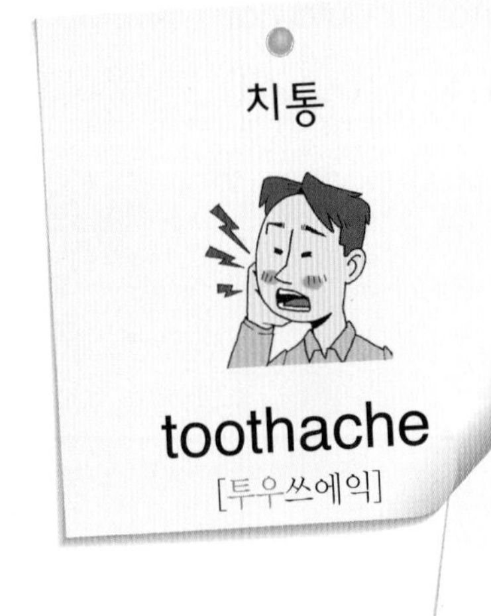

치통

toothache

[투우쓰에익]

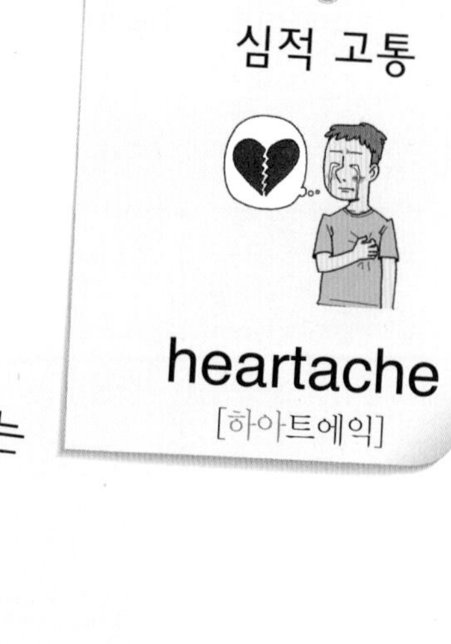

심적 고통

heartache

[하아트에익]

현기증 나는

dizzy

[디지]

창백한

pale
[페일]

가려운

scratchy
[스크래취]

목구멍

throat
[쓰로웃]

잠 못 이루는

restless
[뤠스틀리스]

스트레스

stress
[스트레스]

완화하다

relieve
[륄리이브]

쇠약해지다

run down
[뤈 다운]

잘 배웠나 알아보기

1. 다음 단어의 뜻을 우리말로 적어보세요.

❶ introduce

❷ meet

❸ friend

❹ work for

2. 다음 2개의 단어를 하나로 줄여 보세요.

❶ have not

❷ would not

❸ I would

3. 빈칸에 들어갈 적당한 단어를 고르시오.

❶ How do you ____ ?	① well	② do	③ are
❷ It's a ____ to meet you.	① pleasure	② glad	③ fine
❸ Where are you ____ , John?	① from	② back	③ go
❹ Is this your first ____ here?	① impressionl	② time	③ work
❺ I'd ____ to meet her.	① love	② allow	③ would

정답

1. ❶ 소개하다 ❷ 만나다 ❸ 친구 ❹ ~에서 일하다
2. ❶ haven't ❷ wouldn't ❸ I'd
3. ❶ ② ❷ ① ❸ ① ❹ ② ❺ ①

재미있는 공부 에피소드

찢어진 가난을 딛고 일어선 KFC 창업자 "커널" 샌더즈 (Colonel Sanders)

Harland Davis Sanders

★ 그는 5세에 가난한 아버지를 여의고 어린 동생들을 돌보다 의붓아버지(stepfather)의 심한 구타로 초등학교도 못 마치고 집을 나왔습니다. 외판원(salesman) 등으로 고생하다 나이를 속여 15세에 입대했습니다. 산전수전 끝에 40세에 낸 주유소에서 프라이드치킨 판매로 유명해져 켄터키 주정부가 '켄터키 각하(커널)'라는 칭호를 내렸습니다. 1971년에 KFC 점포는 세계에 4,000개에 달했습니다. KFC는 그가 80세 때 뉴욕증권시장에 상장되었습니다. 다음은 살아있는 한 열심히 일하라는 취지의 그의 명언입니다.

There's no reason to be the richest man in the cemetery. You can't do any business from there.

저승에서 최고 갑부가 돼야할 이유란 없다.
거기선 아무 사업도 할 수 없다.

다음과 미리보기

Do you feel better now?

몸은 좀 좋아지셨나요?

Go see a doctor

시작해보기

My head is spinning. 난 어지럽다.
[마이 헤드 이즈 스핀닝]

I have a sore throat. 난 목이 아프다.
[아이 해버 쏘오 쓰로웃]

I'm running a temperature. 난 열이 나고 있다.
[아임 뢴닝 어 템퍼러츄어]

Go see a doctor. 의사에게 진찰을 받아봐.
[고우 씨어 닥터]

You'd better stay at home. 집에서 쉬는 게 좋겠다.
[유드 베러 스테이 앳 호움]

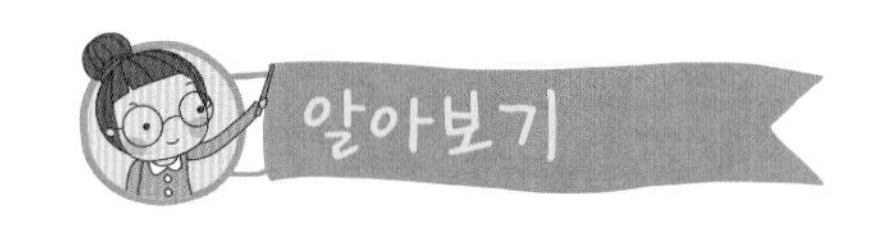

여행 중 spin이라는 단어 하나 몰라 고생한다면? 다음 표현들도 알아두세요.

I feel dizzy (giddy). [아이 피일 디지 (기디)] 나는 현기증이 난다.

My head is swimming. [마이 헤디즈 스윔잉] (특히 복잡한 생각으로) 머리가 어지럽다.

독감 등으로 체온이 오를 땐 I'm running a temperature. 다음은 유사 표현.

I have a fever. [아이 해버 피이버] 열이 있다.

I have a high (little) fever. [아이 해버 하이 (리를) 피이버] 열이 높다 (조금 있다).

Go see a doctor. [Go + 다른 동사] 형태는 일상대화에서 특히 많이 쓰임. Go take a bath. (목욕하고 와). Go brush your teeth. (양치질해) 등.

You'd better는 You had better의 줄임으로 대화에서 많이 사용됩니다. 앞서 had는 조동사로도 사용된다 했죠? 이 경우도 조동사인데 특히 had better는 하나의 단어처럼 간주하여 ~하는 게 좋겠다 의미의 조동사처럼 사용됩니다. ~하지 않는 게 좋겠다고 부정하는 경우는 not을 추가하여 [had better + not]의 형태.

You'd better go home and take a rest. 집에 가 쉬는 게 좋겠다.
[유드 베러 고우 호움 앤 테이커 뤠스트]

You'd better not drink soda. 탄산음료를 마시지 않는 게 좋겠다.
[유드 베러 낫 드링 소우더]

I'd better not eat ice cream. 난 아이스크림을 먹지 않겠어.
[아이드 베러 낫 잇 아이스 크리임]

spin [스핀] 어지럽다
sore [쏘오] 아픈
temperature [템퍼러츄어] 체온
doctor [닥터] 의사
You'd better ~하는 게 좋(낫)다

I'm sick. 나는 몸이 아프다.
[아임 씩]

I don't feel well. 난 몸이 좋지 않다.
[아이 돈 피일 웰]

I have a headache. 난 머리가 아프다.
[아이 해버 헤드에익]

My whole body aches. 내 온 몸이 쑤신다.
[마이 호울 바디 에익스]

I caught a bad cold. 난 독감에 걸렸다.
[아이 코오더 뱃 코울드]

You look so worried. 넌 걱정이 많아 보인다.
[유 룩 소우 워리드]

I didn't sleep well. 난 잠을 잘 자지 못했다.
[아이 디든 슬립 웰]

I'm tired from overwork. 과로로 피곤하다.
[아임 타이엇 프롬 오우버웍]

Your eyes look swollen. 넌 눈이 부어오른 것처럼 보인다.
[유어 아이즈 룩 쑤월런]

I want to take a sick leave. 병결을 하고 싶다.
[아이 원투 테이커 씩 리이브]

All you need is a good rest. 충분한 휴식이 가장 필요합니다.
[올 유 니드 이저 굿 뤠스트]

몸이 아프다는 I'm sick. 또는 I don't feel well. 현재진행형으로 I'm not feeling well. [아임 낫 피일링 웰]도 같은 뜻. 현재진행형은 또 뭣? 뒤에 곧 배웁니다. 기분이나 컨디션이 별로 안 좋다(저기압이다)는 I'm feeling under the weather. [아임 피일링 언더 더 웨더]. 다음 표현들도 알아둡시다.

I got (fell) sick. 병이 났다.
[아이 갓(펠) 씩]

I'm sick with a fever. 열이 난다.
[아임 씩 위더 피버]

구체적으로 어디가 아프다는 표현은 I have a headache (stomachache, toothache) 두통(복통, 치통)이 있다.

tired는 피곤한과 물린, 싫증난(+ of)의 2가지 뜻. sick and tired of도 물린. 피곤한 원인을 말할 때는 tired from. tired from A = A 때문에 피곤한.

I'm tired. 난 피곤하다.
[아임 타이엇]

I'm tired of eating the same things. 같은 것 먹기에 물렸다.
[아임 타이엇 업 이딩 더 쎄임 씽즈]

I'm sick and tired of fast food. 패스트푸드에 물렸다.
[아임 씩 앤 타이엇 업 패슷 푸드]

I'm tired from walking. 난 걸어서 피곤하다.
[아임 타이엇 프롬 워킹]

bad cold [뱃 코울드] 독감
ache [에이크] 아프다
overwork [오우버웍] 과로
swollen [쑤월런] 부어오른
whole [호울] 전부의
tired [타이어드] 피곤한
worried [워리드] 걱정스러운
sick leave [씩 리이브] 병결

◎ 앞서 배운 leave a, have a, did a 등의 발음방법과 유사하게 caught a, take a, with a는 코오더, 테이커, 위더로 각각 발음.

◎ drink soda의 드링크에서 크가 탈음 드링으로 발음. 일반적으로 t, d, k 등으로 끝나는 단어들에서 t, d, k의 탈음 많음.

◎ headache [헤드에이크]가 아니라 [헤드에익]으로 발음.

◎ head is [헤드 이즈]는 헤디즈로 발음.

◎ R & L, F & P, V & B 익히기 코너

R	running, rest, cream
L	leave, little, look
F	feel, fell, from
P	pressure, spin, temperature
V	have, fever, overwork
B	better, bad, body

쉬운 문법 정리하기

1. 본동사와 조동사

동사에는 본동사와 이의 조수역할을 하는 조동사가 있습니다. 조동사에는 이미 배운 will, would 등 많으나 차차 배우면 그만입니다!

I go there. 거기에 간다.

(본동사 go) → 조동사 없음.

I do not go there. 거기에 안 간다.

(조동사 do) → 부정(not)을 위해 조동사 필요.

I had better go there. 거기 가는 게 좋겠다.

(조동사 had better) → 더 좋은 선택임을 나타냄.

2. 조동사 추가 연습

I will see you. 너를 볼 것이다.

(조동사 will이 도와 미래를 표현. 본동사 see)

I can walk. 난 걸을 수 있다.

(조동사 can이 도와 능력을 표현. 본동사 walk)

Do you like it? 그걸 좋아하세요?

(조동사 Do가 도와 질문을 표현. 본동사 like)

Would you like some coffee? 커피 좀 드실래요?

(조동사 would로 공손함을 표현)

Yes, that would be nice. 네, 그것 좋겠군요.

(조동사 would로 공손함을 표현)

그림으로 배우는 단어

Fitness Maintenance
(건강관리)

건강

fitness
[피트니스]

유지, 관리

maintenance
[메인터넌스]

식이요법

diet
[다이엇]

체중관리

weight control
[웨이트 컨추로울]

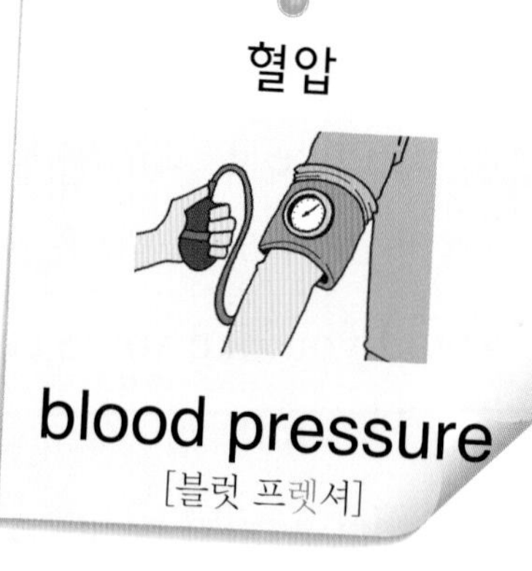

혈압

blood pressure
[블럿 프렛셔]

체육관

gym
[짐]

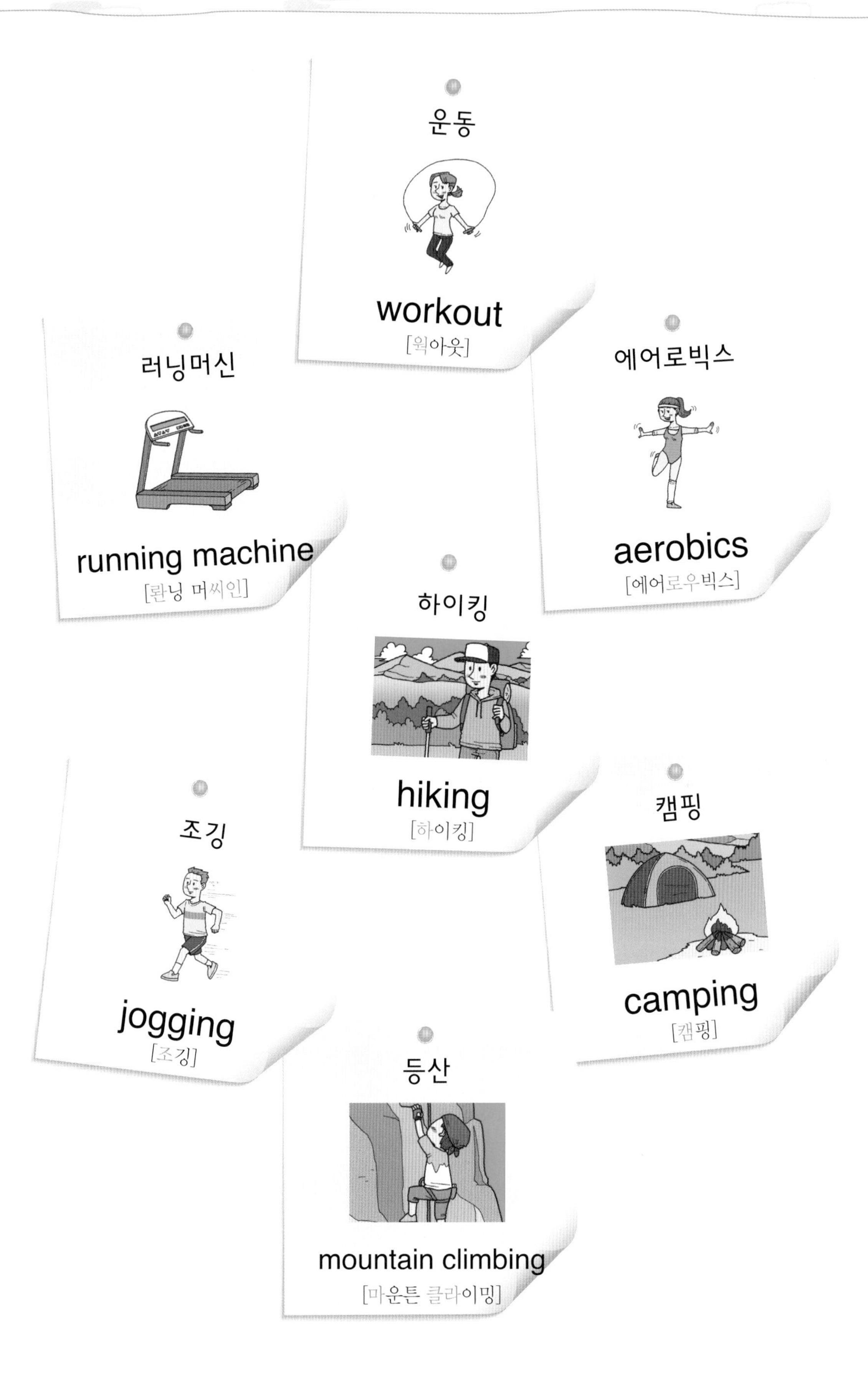
운동
workout
[웍아웃]
러닝머신
running machine
[뤈닝 머씨인]
에어로빅스
aerobics
[에어로우빅스]
하이킹
hiking
[하이킹]
조깅
jogging
[조깅]
캠핑
camping
[캠핑]
등산
mountain climbing
[마운튼 클라이밍]

잘 배웠나 알아보기

1. 빈칸에 들어갈 적당한 단어를 골라 번호를 적으세요.

❶ I caught a bad ______. ① well ② cold ③ eyes

❷ I'm tired ______ overwork. ① from ② sick ③ at

❸ You look so ______. ① want ② take ③ worried

❹ I didn't ______ well. ① good ② sleep ③ need

2. 다음 단어의 뜻을 적어보세요.

❶ rest

❷ sick leave

❸ swollen

3. 다음 물음에 맞는 것을 고르시오.

❶ "몸이 아프다"는? ① I'm sick. ② I feel well. ③ I see a doctor.

❷ 단어 "두통"은? ① headache ② toothache ③ pressure

❸ 숙어 "~에 물린"은? ① tired of ② sickness ③ pale

❹ Would you like some coffee. 에서 본동사는?
① Would ② like ③ some

❺ You can go there. 에서 조동사는?
① can ② go ③ there

정답

1. ❶ ② ❷ ① ❸ ③ ❹ ②
2. ❶ 휴식 ❷ 병결 ❸ 부어오른
3. ❶ ① ❷ ① ❸ ① ❹ ② ❺ ①

3중장애를 극복하고 세상을 밝히는데 공헌한 헬렌 켈러(Helen Keller)

헬렌 켈러와 앤 설리번

생후 18개월에 이상한 열병에 걸려 보지도 듣지도 말하지도 못하게 된 헬렌 켈러는 미국의 저명한 여류 작가, 교육가, 정치운동가로 유명합니다. 3중장애를 극복하고 대학을 졸업한 최초의 여성. 감동적인 기독교 신자였고 앤 설리번 선생님의 도움을 받았습니다. 불굴의 의지로 불가능(impossible)을 가능(possible)으로 바꾸며 많은 저술활동, 전쟁반대, 노동자와 여권향상 등에 헌신하였습니다. 1964년 미국 민간인 최고 영예인 대통령 자유훈장을 받았습니다. 다음은 그녀가 남긴 명언들 중 하나입니다.

Optimism is the faith that leads to achievement.
Nothing can be done without hope and confidence.

낙관은 성취를 낳는 신앙이다.
희망과 자신감 없이 이루어질 수 있는 일은 없다.

다음과 미리보기

Chanho, have you been working out?

Yeah, I've been going to the gym for a long time.

10 I work out regularly.

나는 규칙적으로 운동합니다.

시작해보기

I always eat healthy food.
[아이 올웨이즈 잇 헬씨 푸드] 난 항상 건강에 좋은 식사를 합니다.

Do you get plenty of exercise?
[두 유 겟 플렌티 업 엑서싸이즈] 운동을 충분히 합니까?

Are you getting lots of sleep?
[아유 게딩 라츠 업 슬립] 수면을 충분히 취하고 있나요?

How do you avoid stress?
[하우 두유 어보이드 스트레스] 스트레스는 어떻게 피하시죠?

단어 주워 담기

healthy [헬씨] 건강한
exercise [엑서싸이즈] 운동
avoid [어보이드] 피하다
plenty [플렌티] 많음, 충분
lots of [랏쓰 업] 많은

알아보기

- 건강식, 적당한 운동, 충분한 휴식은 건강의 3대 요소입니다. 복잡하게 생활하는 현대인은 스트레스 해소도 필수요소죠. 따라서 건강관리에 관한 기본대화는 이 4가지 요소에 집중됩니다. 우선 건강에는 좋은 식사와 체중조절이 중요하죠?

  I keep a healthy diet. 난 건강에 좋은 식사를 계속한다.
  [아이 키퍼 헬씨 다이엇]

  I'm on a diet to lose weight. 체중을 줄이려 다이어트 중이다.
  [아임 오너 다이엇 투 루즈 웨잇]

- 잠도 잘 자야죠. Have a good sleep. [해버 굿 슬립] 또는 Sleep tight (well). [슬립 타잇 (웰)] (잘 자라.) Sleep like a log (a baby). [스립 라이커 락(베이비)] 라는 재미있는 표현도 있는데 말 그대로 통나무(아기)처럼 푹 자라는 것.

- 스트레스와 관련해서는 I'm under a lot of stress. [아임 언더 어라러 스트레스] (많은 스트레스를 받고 있다.) Relax your mind from stress. [륄랙쓰 유어 마인 프롬 스트레스] (마음을 풀어 스트레스를 해소해라) 등의 표현이 있습니다.

- plenty of, lots of, a lot of (많은, 충분한)는 유사한 의미의 숙어.

- Are you getting ~ ?에서 동명사처럼 생긴 getting은? 이건 현재분사라고 하는데 뒤에 문법정리에서 배웁니다. 배우세!

Stay fit. 건강을 유지해라.
[스테이 핏]

Eat right. 바른 식사를 하세요.
[잇 롸잇]

Don't stay up too late. 잠자리에 너무 늦게 들지 마세요.
[돈 스테이 업 투 레잇]

Don't work on the computer too long.
[돈 워크 온 더 컴퓨러 투 롱] 컴퓨터 작업을 너무 오래하지 마세요.

Walk 30 minutes after dinner. 저녁식사 후 30분씩 걸으시오.
[웍 써리 미닛츠 앱터 디너]

Go to the gym regularly. 규칙적으로 체육관에 나가시오.
[고우 투 더 짐 뤠귤러리]

You look really buff. 아주 건강해 보이는군요.
[유 룩 뤼얼리 버프]

You have no more beer belly. 이제 배가 나오지 않는군요.
[유 해브 노 모어 비어 벨리]

Trouble sleeping? 잠이 잘 안 오나요?
[트라블 슬립핑]

Try to laugh a lot. 많이 웃으려고 노력하세요.
[추라이 투 래프 어랏]

Keep your brain active. 두뇌활동을 항상 활발하게 하세요.
[킵 유어 브레인 액티브]

brain [브레인] 두뇌
regularly [뤠귤러리] 규칙적으로
trouble [추러블] 고생
active [액티브] 활동적인
shape [쉐입] 상태, 모습
laugh [래프] 웃다

알아보기

- stay fit = stay in (good) shape = stay healthy 등은 건강을 유지하다의 뜻.

- eat right는 편식, 과식하지 않고 건강식으로 적절히 먹다의 뜻.

- stay up late는 잠 안자고 늦게까지 일하다의 뜻. I didn't sleep a wink. [아이 디든 슬리퍼 윙크] (한 숨도 못 잤다.)도 윙크 한번 못했다는 재미있는 말.

- 컴퓨터는 생활필수품이지만 오래 계속 쓰면 건강에 해로울 수 있죠? Don't stay in front of the computer too long. [돈 스테이 인 프런 업 더 컴퓨러 투 로옹] (컴퓨터 앞에 오래 있지 마라.)라고도 합니다. *in front of ~의 앞에

- 식사 후 산책 등 적당한 운동은 필수. Do you work out often (regularly)? [두 유 웕아웃 옵튼 (뤠귤러리)] 자주(규칙적으로) 운동 하세요? Work out [웕 아웃]은 운동하다의 뜻. I go to the gym.(난 체육관에 나간다.)도 work out한다는 말.

- buff는 몸이 건강하게 잘 가꾸어 진의 뜻. You look buff.와 You look fit.은 유사한 표현. beer belly는 맥주 많이 마시면 배가 나오죠? 그래서 비만으로 나온 배. 그리고 많이 웃으세요. = Laugh a lot! *buff [버프] 매력 있는

- 잠이 안 와?는 Trouble (Having trouble) sleeping? = Can't you go to sleep? 두뇌활동을 왕성하게 하는 것도 건강에 큰 도움이 됩니다. → Keep your brain active.

◎ last night은 t의 탈음으로 래스 나잇.

◎ plenty of. ty는 twenty처럼 니. → 플레니. of [어브] 브의 약음화 → 플레니어.

◎ keep a [키퍼], a lot of [어라러], getting [게딩] 등 발음 유의.

◎ lots of [라츠(쓰) 업]에서 lots의 ts는 츠와 쓰의 중간으로 약하게 발음. 또한 of [어브]는 브의 약음화로 랏처 또는 랏써로 발음.

◎ **R & L, F & P, V & B 익히기 코너**

R	really, regularly, relax, stress
L	lose, log, late, long
F	front, fit, buff, laugh
P	plenty, computer, sleeping
V	avoid, active, every
B	beer, belly, brain

1. 현재분사(現在分詞)

分詞란 나눌 분(分), 말씀 사(詞), 즉 분리된 말. 왜 분리? 동사지만 분리해 ~ing형(예: Speaking)을 만들어 진행형 동사나 형용사로 쓰려고.

쉬운 해설 동사 drink의 예: 현재분사 → drinking

I'm drinking water. 난 물을 마시고 있다. → drinking은 진행의 현재분사 동사

It is drinking water. 그건 식수다. → drinking은 water를 꾸미는 형용사

2. 과거분사(過去分詞)

分詞의 뜻은 이미 배웠습니다. 과거분사도 형용사로 쓰이고 수동형과 완료형에서 동사로 쓰입니다. 주로 ~ed, ~en형이며 기타 형태들이 있습니다.

- 동사의 과거(過去)란? 그리고 수동형과 완료형은 무엇? 배우세!

쉬운 해설 동사 eat와 break의 예: 과거분사 → eaten, broken

The cakes are eaten in the morning. 그 케이크들은 아침에 먹는다.	어떤 사람들에 의해 아침에 수동적으로 먹히게 되어있는 케이크 (수동형)
All the cakes have been eaten. 그 케이크들은 모두 다 먹혔다.	사람들이 다 먹어 완료된 일 (완료형)
I saw a broken cup. 난 깨진 컵을 보았다.	명사 cup을 꾸미는 형용사 (뜻: 깨진)

- 문법이 필요 없다? No! 아주 중요합니다. 문법의 기초가 튼튼히 서지 않으면 영어실력이 바로 서질 않습니다! 그리고 이보다 더 중요한 사실은 영문법이란 어떻게 설명하느냐에 따라 이해하기가 아주 쉽다는 것입니다.

그림으로 배우는 단어

Invitation (초대)

초대

invitation
[인버테이션]

만나다

get together
[겟 터게더]

차에 태우다

pick up
[픽 업]

공식적인

formal
[포오멀]

비공식적인

informal
[인포오멀]

격식 없는

casual
[캐주얼]

수락하다
accept
[액셉트]
거절하다
decline
[디클라인]
박람회
2013
GAME
FAIR
fair
[페어]
시내중심가
downtown
[다운타운]
결혼식
wedding
[웨딩]
축제
FEST
festival
[페스터벌]
리셉션, 환영회
WELCOME
reception
[리셉션]

1. 빈칸에 들어 갈 적당한 단어를 고르시오.

❶ I always eat ______ food. ① healthy ② have ③ plenty

❷ Have a good ______ . ① stress ② weight ③ sleep

❸ Keep your ______ active. ① brain ② stay ③ try

2. 오른쪽 괄호에 있는 단어들에서 적당한 것을 골라 빈칸에 적어보세요.

❶ 건강한 ______ (diet, healthy, food)

❷ 정말로 ______ (really, lose, fit)

❸ 피하다 ______ (right, avoid, work)

❹ 체육관 ______ (shape, belly, gym)

❺ 늦게 ______ (late, long, last)

3. 가장 관련있는 것을 골라 보세요.

❶ Trouble sleeping?

❷ You look fit.

❸ Do you work out often?

❹ 현재분사

❺ 과거분사

A. You look buff.

B. Do you get plenty of exercise?

C. broken

D. Can't you go to sleep?

E. drinking

정답

1. ❶ ① ❷ ③ ❸ ①
2. ❶ healthy ❷ really ❸ avoid ❹ gym ❺ late
3. ❶ D ❷ A ❸ B ❹ E ❺ C

쉽고 즐거운 영어 동요

QR코드로 노래를 들어보세요!

Bingo

빙고우

There was a far-mer had a dog and bin-go was his name-O B - I - N-G-O -

데어 워스 어 파아머 해더 닥 앤 빙고우 워스 히즈 네임 오우 비이-아이-엔-지이-오우

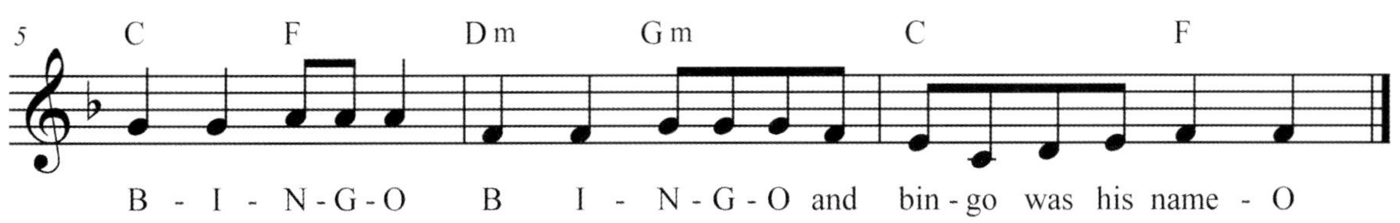

B - I - N - G - O B I - N - G - O and bin - go was his name - O

비이-아이-엔-지이-오우 비이-아이-엔-지이-오우 앤 빙고우 워스 히즈 네임 오우

다음과 미리보기

11 Are you free on Friday night?

금요일 저녁에 한가하시나요?

시작해보기

Are you free tonight? 오늘 밤 별일 없어요?
[아유 프리 투나잇]

Nothing special. Why? 별일 없는데. 왜요?
[나씽 스페셜 와이]

Would you like to come over for dinner?
[우쥬 라익 투 컴 오버 포 디너] 오셔서 저녁식사 하실래요?

That sounds great. What time?
[댓 사운즈 그레잇 왓 타임] 좋습니다. 몇 시죠?

단어 주워 담기

free [프리이] 자유로운
special [스페셜] 특별한
nothing [나씽] 아무 것도 아님
sound [싸운드] ~하게 들리다

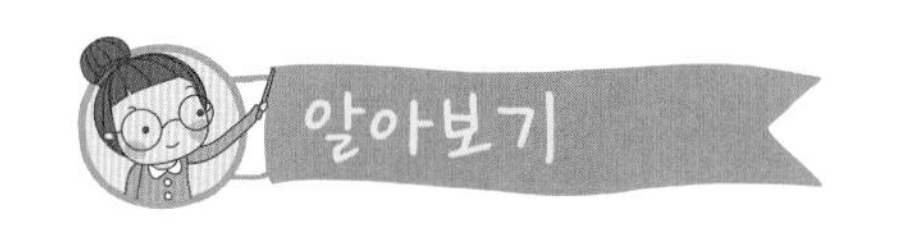

특정 시간에 별 일이 없는지 물을 때는 Are you free + 특정의 때? 패턴 사용.

Are you free tomorrow evening? 내일 저녁 별 일 없어요?
[아 유 프리 터모오로우 이브닝]

What are you doing on Saturday night? 토요일 밤 무슨 일이 있으시나요?
[왓 아유 두잉 온 쌔러데이 나잇]

Nothing special. 대신 쓸 수 있는 표현들은 다음처럼 다양합니다.

Not much. [낫 머치] 별일 없습니다.

I believe so. [아이 빌리이브 쏘] 그런데요.

Yes. Why do you ask? [예스 와이 두유 애스크] 네. 왜 물으시죠?

다른 많은 초대도 있겠죠. Do you wanna see a movie? (영화 보러갈까요?), Would you like to go to a soccer game? (축구경기 보러 갈까요?) 등.

초대에 응하거나 거절할 땐 다음처럼 응답하면 됩니다.

That sounds great (very good). 좋습니다.
[댓 사운즈 그레잇 (베리 굿)]

I'd love to. 좋습니다.
[아이드 러브 투]

That would be great, thanks. 좋습니다. 고맙습니다.
[댓 웃비 그레잇 땡쓰]

Sorry. I have other plans. 유감스럽게도 다른 계획이 있습니다.
[쏘리 아이 해브 아더 플랜즈]

I can't. I have to study. 불가능합니다. 공부해야 하거든요.
[아이 캐앤 아이 햅터 스터디]

I'd like to invite you to my birthday party.
[아이드 라익 투 인바잇츄 투 마이 버어쓰데이 파리] 제 생일 파티에 초대하고 싶습니다.

How kind of you to ask. 초청해 주시니 고맙습니다.
[하우 카인더뷰 투 애스크]

Would you care to join us? 우리하고 함께 하시겠어요?
[우쥬 케어 투 조인 어스]

Sure, sounds like fun. 네, 재미있을 것 같은데요.
[슈어 사운즈 라익 펀]

What time do we meet? 언제 만나죠?
[왓 타임 두 위 밋]

Can I pick you up around 5? 5시에 모시러(데리러) 갈까요?
[캔 아이 피큐럽 어라운 파이브]

I'm wondering if you're free next Sunday.
[아임 원더링 입 유아 프리 넥스 썬데이] 다음 일요일에 한가하신지요.

Sure, what did you have in mind? 네, 무슨 일이신데요?
[슈어 왓 디쥬 해브 인 마인]

Maybe another time. 다음 기회에 하지요.
[메이비 어나더 타임]

Can I take a rain check? 다음에 기회를 주시겠어요?
[캔 아이 테이커 뤠인 췍]

I'm afraid I have another engagement.
[아임 어프레이드 아이 해브 어나더 인게이즈먼] 미안하지만 다른 약속이 있는데요.

pick you up [피큐럽] 차에 태우다
maybe [메이비] 어쩌면
engagement [인게이즈먼트] 약속
wonder [원더] ~인가 하고 생각하다

알아보기

I'd like to invite you to a party(a reception 등).은 일반적 초대의 말. How kind (nice) of you to ask.는 초청에 대한 일반적 감사의 표시.

care to = like to. Would you care to go to the concert? (콘서트에 가시겠어요?) Sure, sounds like fun. (네, 재미있겠군요.). care for + 명사 = like + 명사.

*care to do [케어 투 두] ~하길 좋아하다 *sounds like [사운즈 라익] ~처럼 들리다

Would you care for some tea? [우쥬 케어 포 섬 티] 차 좀 드시겠어요?

pick up은 누구를 자기 차에 태울 때 쓰는 숙어. 또한 Can I pick you up ~?에서 Can 대신 다음 예문처럼 Why don't을 써도 됩니다.

Why don't I pick you up about six at your house?
[와이 돈 아이 피큐럽 어롸운 씩스 애츄어 하우스] 6시경 댁에 모시러 갈까요?

I'm wondering if ~ 는 은근히 상대의 의사를 타진할 때 사용.

I'm wondering if you'd like to go to a movie. 혹시 영화 보러 가시겠어요?
[아임 원더링 입 유드 라익 투 고우 투어 무우비]

다음 기회가 좋겠군요.라는 사양은 Maybe another time. = Can I take a rain check? 원래 rain check은 비가 내려 행사가 연기 되면 후일 쓸 수 있는 입장권.

선약 등이 있어 초청에 응하기 어려운 경우엔 I'm sorry. 또는 Sorry. 등으로 미안함을 표시할 수도 있지만 I'm afraid(유감이지만)를 써도 됩니다.

I'm afraid I have to work. 유감이지만 공부해야 합니다.
[아임 어프레이드 아이 햅투 웍]

◎ 억양(어조)

Nothing special. Why? ↗ What time?↗ 등 질문이 의문사로 시작되는 경우 발음 끝을 대부분의 경우 올림. 그러나 내리는 경우도 있는데 차차 배우기로 합시다. 의문사란? 며칠 뒤에 배웁니다. 배우세!

◎ invite you 인바잇츄, kind of you 카인더뷰, pick you up 피큐럽 take a 테이커 등 발음 주의.

◎ around, engagement, mind 등에서 d, t의 탈음 주의.

◎ R & L, F & P, V & B 익히기 코너

R	rain, reception, afraid
L	like, love, believe
F	Friday, free, fun
P	plan, party, pick
V	over, evening, invite
B	birthday, maybe, about

쉬운 문법 정리하기

1. 동사의 과거형이란?

동사는 움직임을 나타내는 품사(품종의 말)라고 앞서 배웠습니다. 그럼 다음 예문을 봅시다.

I live in Seoul. 나는 서울에서 살아요. (live는 현재형)

I lived in Seoul. 나는 서울에서 살았어요. (lived는 과거형)

우리말도 살아요(현재)와 살았어요(과거)가 다르듯 영어도 달라져야죠? 그래서 live → lived.

2. 동사의 과거형은 어떤 규칙으로 만드나요?

1) 대부분은 원형동사 끝에 ed나 d를 붙임. 원형이 e로 끝나면 d, 아니면 ed.

lived = live + d	loved = love + d	liked = like + d	invited = invite + d
rained = rain + ed	asked = ask + ed	wanted = want + ed	picked = pick + ed

2) 불규칙한 건 없나요? 불규칙변화가 있어 이것들은 모두 외우세요. 하지만 많지 않으므로 하나씩 배우면 그만! 그럼 우선 10개만 공부합시다.

현재형	과거형	현재형	과거형	현재형	과거형	현재형	과거형	현재형	과거형
go	went	come	came	do	did	have	had	get	got
am	was	is	was	are	were	will	would	can	could

3) 불규칙변화 동사 중 일부를 제외한 대부분은 과거와 과거분사가 동일.

구분	현재	과거	과거분사
동일	buy (사다)	bought	bought
다름	begin (시작하다)	began	begun

그림으로 배우는 단어

Vacation (휴가)

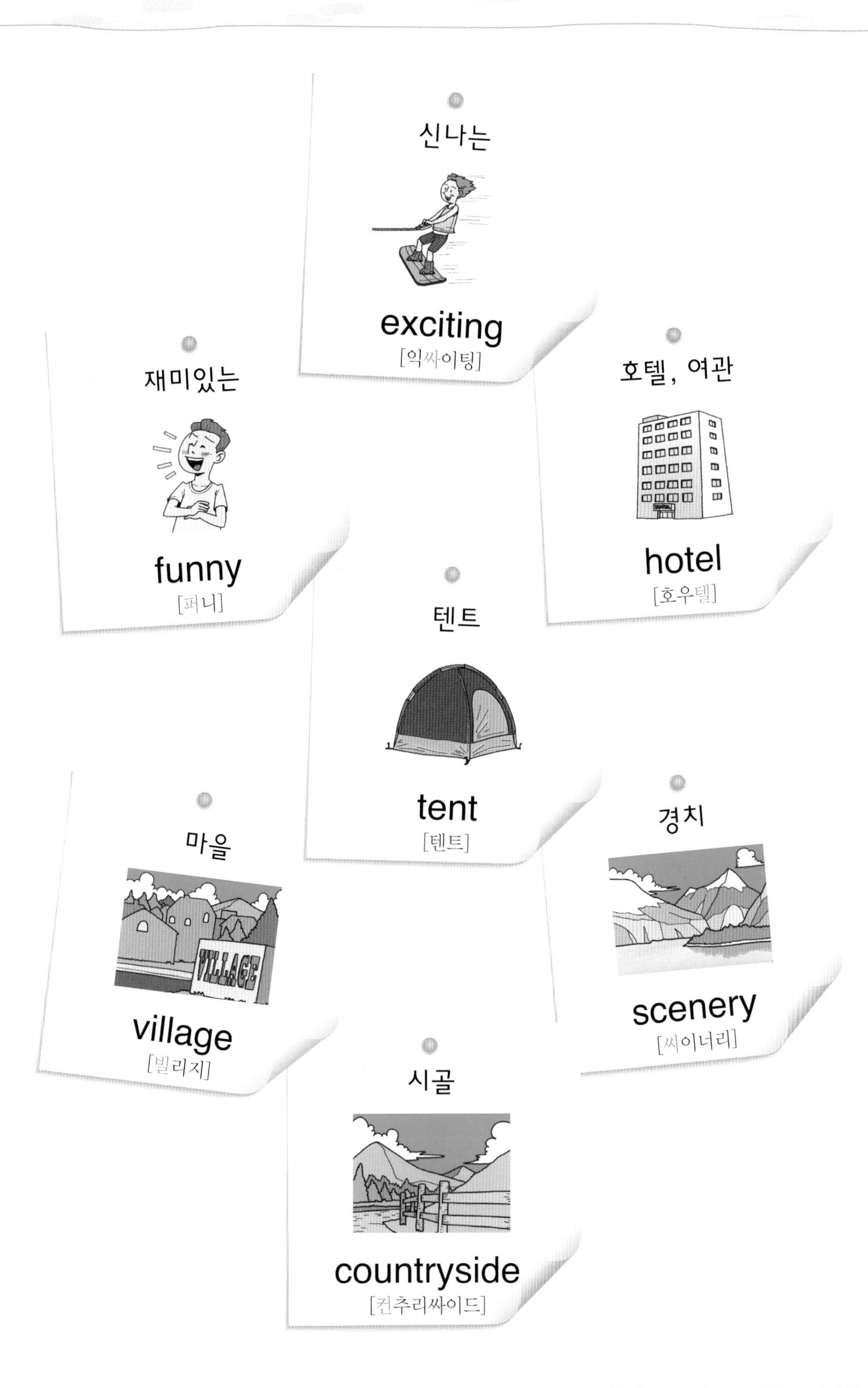
신나는
exciting
[익싸이팅]
재미있는
funny
[퍼니]
호텔, 여관
hotel
[호우텔]
텐트
tent
[텐트]
마을
VILLAGE
village
[빌리지]
경치
scenery
[씨이너리]
시골
countryside
[컨추리싸이드]

잘 배웠나 알아보기

1. 다음 단어의 뜻을 적어보세요.

❶ invite

❷ special

❸ birthday

2. 빈칸에 들어갈 적당한 단어를 골라 번호를 적으세요.

❶ Are you ______ tonight?	① free	② break	③ went
❷ That ______ great.	① come	② sounds	③ like
❸ Can I ______ you up around 5?	① go	② see	③ pick
❹ Would you ______ to join us?	① care	② fun	③ wonder
❺ ______ another time.	① Would	② Maybe	③ What

3. 다음 물음에 맞는 단어 앞에 (√)를 하세요.

❶ "별일 없습니다."는?	① Not much	② Sorry	③ Fun
❷ rain check과 가장 관련이 있는 것은?	① 연기	② 무료	③ 재미
❸ 현재형 동사는?	① live	② came	③ went
❹ 과거형 동사는?	① love	② do	③ liked

정답

1. ❶ 초대하다 ❷ 특별한 ❸ 생일
2. ❶ ① ❷ ② ❸ ③ ❹ ① ❺ ②
3. ❶ ① ❷ ① ❸ ① ❹ ③

재미있는 공부 에피소드

Photo by Matthew G. Bisanz
미국 국립스미소니언역사박물관에 소장된 차일드의 부엌

스파이로 일하다 만년에 변신해 최고 요리사가 된 줄리아 차일드 (Julia Child)

세계적인 요리사, 작가, 방송인. 그녀는 거의 40세까지 엉뚱한 경력을 쌓았습니다. 미국 중앙정보국(CIA)의 전신인 전략사무국(OSS)에서 중국 등 아시아 국가들을 상대로 첩보활동을 수행했습니다. 키가 188센티미터의 장신이어서 여군으로는 입대하지 못해 국가기밀업무를 돕기 시작하였습니다. 2차 세계대전 후 36세에 프랑스 유명 요리학교 르 꼬르동 블루(Le Cordon Bleu)에 입학. 프랑스 요리를 미국에 소개하기 시작한 이후 91세를 일기로 타계할 때까지 요리사, 저술가, 최고인기 요리전문 방송인으로 활약 하였습니다. 미국 대통령 자유훈장과 하버드대 등 많은 대학에서 명예박사학위를 받기도 하였습니다. 다음은 그녀의 명언들 중 하나입니다.

Find something you're passionate about.

네 정열을 불태울 뭔가를 찾아라.

다음과 미리보기

Chanho, I'm going to have a vacation.

Sounds exciting.

I'm going to take a vacation.

휴가를 가려 합니다.

You look tired.

I need a break.

시작해보기

I'm going to take a vacation. 난 휴가를 갈 예정이다.
[아임 고잉 투 테이커 베이케이션]

I'm packing my bag. 난 가방을 싸고 있다.
[아임 패킹 마이 백]

I can't wait. 기다릴 수 없다 (아주 신이 난다).
[아이 캐앤 웨잇]

What do you plan to do? 무엇을 할 예정입니까?
[왓 두유 플랜 투 두]

I'm visiting my parents in Busan.
[아임 비지딩 마이 페어런츠 인 부산] 난 부산에 계신 부모님을 뵈려고 한다.

알아보기

예정을 나타내는 be going to는 일상영어에서 수없이 등장하는 기초표현. 여행을 하려한다는? I'm going to take a trip.

I'm packing ~ (짐을 싸는 중). 현재분사로 진행을 표현합니다. 다음도 유용한 표현입니다.

I'm getting ready for my vacation. 난 휴가 갈 준비를 하고 있습니다.
[아임 게딩 뤠디 포 마이 베이케이션]

너무 흥분하면 기다릴 수가 없지요? 따라서 I can't wait. = I'm very excited. [아임 베리 익싸이딧] (난 아주 흥분돼 있다.)

plan to do (~을 할 예정이다) = be going to do. 따라서 What do you plan to do? = What are you going to do?

What are you going to do on your vacation? 휴가 중 뭘 할 예정이시죠?
[왓 아유 고잉 투두 온 유어 베이케이션]

I'm visiting ~ 에서 visiting도 현재분사로 진행형을 나타내고 있죠? 그런데 진행형은 장차 일어날 일(미래의 일)을 나타내기도 합니다. 여기서도 부모님을 뵈올 것이라는 미래를 표현하고 있습니다. 이렇게 진행형이 현재 진행 중인 일과 미래에 일어날 일 2가지를 나타내는 데 사용된다는 것! 꼭 기억해 두세요.

pack [팩] 짐을 꾸리다
bag [백] 가방
wait [웨잇] 기다리다
visit [비짓] 방문하다
parents [페어런츠] 부모

I'm so glad it's Friday. 금요일이 되니 기쁜데.
[아임 쏘 글랫 이츠 프라이데이]

I really need a break. 난 정말 휴식이 필요해.
[아이 뤼얼리 니더 브레익]

Do you have any plans for the holiday? 휴일에 뭘 할 계획이야?
[두 유 해브 에니 플랜즈 포 더 할러데이]

I'm going to go hiking. 하이킹 가려고 해.
[아임 고잉 투 고우 하이킹]

I don't have any plans yet. 아직 계획이 없어.
[아이돈 해브 에니 플랜즈 옛]

How was your vacation? 휴가는 어땠어?
[하우 워스 유어 베이케이션]

I had a great time on the beach. 해변에서 즐거운 시간을 보냈어.
[아이 해더 그레잇 타임 온 더 비이취]

How did you go there? 거긴 어떻게 갔어?
[하우 디쥬 고우 데어]

I went there by train. 기차를 타고 갔어.
[아이 웬 데어 바이 추레인]

Who did you go with? 누구와 같이 갔어?
[후 디쥬 고우 윗]

With my family. 가족들하고.
[위드 마이 패멀리]

not any [낫 에니] 어떤 ~도 아닌
by train [바이 추레인] 기차 편으로
yet [옛] 아직
family [패멀리] 가족

알아보기

- I'm so glad 다음에 기쁜 이유를 말합니다. 주말이 되니 기쁘다.는?

  I'm so glad the weekend's here.
  [아임 쏘 그랫 디 위크엔즈 히어]

- 계획을 물을 땐 Do you have any plans ~ ? 또는 다음처럼 말해도 됩니다.

  What do you plan to do? 뭘 할 계획이지?
  [왓 두유 플랜 투두?]

  Where're you going? 어디에 가려고 해?
  [웨어 유 고잉]

- 휴가가 어땠나에 대해 It was great (wonderful). 또는 I really enjoyed it. [아이 뤼얼리 인조이딧] (즐거웠어). 재미가 없었으면 It was dull and boring. [잇 워스 덜 앤 보오링] (지루하고 따분했어.) 등으로 답하면 됩니다.

- 어디에 갔었는지 물을 때는 Where have you been? [웨어 해뷰 비인] 또는 Where did you go? [웨어 디쥬 고우]

- 교통수단을 물은 때는 How did you go (get) there? 답은 By my car, By bus, By boat (배를 타고) 등으로 간단히 말해도 됩니다.

- 휴가 동행자에 대해서 I went there with my classmates. (학우들과 같이 갔어.)라고 말할 경우 I went there를 생략하고 With my classmates. [위드 마이 클래스메잇]이라고 해도 됩니다. 나 혼자 갔어.는? = By myself. [바이 마이 셀프]

◎ take a 테이커 had a 해더 need a 니더 등 발음 주의

◎ visiting 비지딩, getting 게딩, did you 디쥬, have you 해뷰, enjoyed it 인조이딧 등 발음 주의

◎ can't 캐앤, went there 웬 데어 weekend's 위크엔즈 등에서 t, d의 탈음

◎ R & L, F & P, V & B 익히기 코너

R	ready, really, train
L	glad, holiday, class
F	family, friend, myself
P	pack, plan, parent
V	vacation, visit, very
B	bag, beach, boat

쉬운 문법 정리하기

1. 동사 족보

문법은 족보처럼 연결돼 있습니다. 따라서 문법의 일부를 배우면 그것이 족보의 어디에 속하는지 알려 노력하고 부분들을 자주 종합해봐야 빨리 정복할 수 있습니다.

동사종류	동사 형태	용도	예문
원형	drink	명령문 등에 씀	Drink water. 물을 마셔라.
현재	drink drinks (3인칭 단수)	일반적 사실	I drink (He drinks) clean water. 난(그는) 깨끗한 물을 마신다.
과거	drank	과거의 일	I drank water. 난 물을 마셨다. → 물을 마신 일
현재분사	drinking	지금 진행 중	I'm drinking water. 난 물을 지금 마시고 있다.
과거분사	drunk	수동형과 완료형	I've drunk water. 난 물을 마셨다. → 물마시기를 끝낸 상태
동명사	drinking	동사와 명사	Avoid drinking too much. 과음을 삼가라.

2. 위 표에서 유의해야할 점에 대한 쉬운 설명

1) 원형, 3인칭 단수, 명령문은 또 무엇? 배우세!

2) 과거와 현재완료의 차이는? 2가지 다 난 물을 마셨다지만 의미상 다음 차이.
과거형: I drank water. → 과거에 단순히 물을 마신 사실.
완료형: I've drunk water. → 가령 연설, 여행 등 이전에 물마시기를 끝낸 상태.

3) 동명사 drinking은 동사역할을 하기 때문에 목적어를 가질 수 있고 자신이 목적어가 될 수도 있음. 목적어란 또 무엇? 배우세!

4) 동사 drink는 drank (과거) – drunk (과거완료)로 불규칙 변화.

그림으로 배우는 단어

Fashion (패션)

디자이너

designer
[디자이너]

파카

parka
[파아커]

스타일

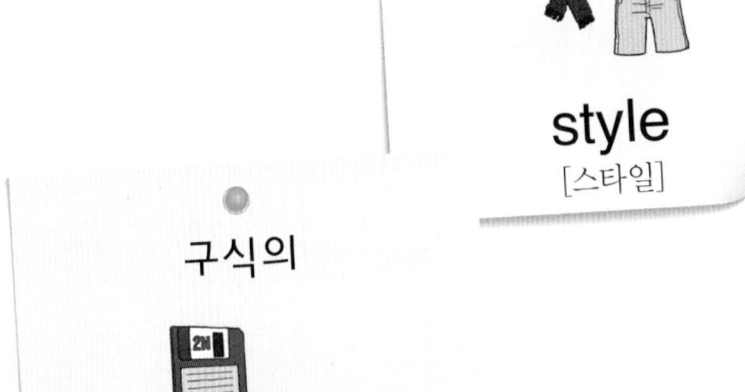

style
[스타일]

구식의

outdated
[아웃데이티드]

최신의

up-to-date
[업터데이트]

피부 관리

skin care
[스킨케어]

메이크업, 화장

make-up
[메이크업]

피부완화제

soother
[쑤더]

화장용 크림

cream
[크리임]

피부에 수분을 주다

moisturize
[모이스쳐라이즈]

흠, 점

blemish
[블레미쉬]

주름 펴는 성형수술

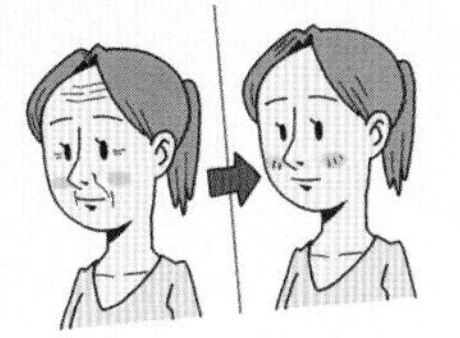

facelift
[페이스립트]

매력적인

attractive
[어츄랙티브]

잘 배웠나 알아보기

1. 다음 물음에 맞는 단어를 고르시오.

❶ "하이킹 가다"는? ① go hiking ② go skiing ③ go to mountain

❷ "기차로 가다"는? ① go by bus ② go by train ③ go by boat

❸ 재미없는 휴가와 관련된 단어는? ① great ② ready ③ boring

❹ 동명사가 될 수 있는 것은? ① drinking ② lived ③ enjoy

2. 빈칸에 들어갈 적당한 단어를 골라 번호를 적으세요.

❶ How did you ______ there? ① get ② really ③ parents

❷ I'm ______ my bag. ① packing ② visiting ③ drinking

❸ What do you ______ to do? ① glad ② plan ③ any

❹ Who did you go ______? ① been ② what ③ with

3. 다음 단어의 뜻을 적어보세요.

❶ beach

❷ family

❸ break

정답

1. ❶ ① ❷ ② ❸ ③ ❹ ①
2. ❶ ① ❷ ① ❸ ② ❹ ③
3. ❶ 해변 ❷ 가족 ❸ 휴식

재미있는 공부 에피소드

Agatha Christie의 서재 (Photo by Steve Hopson)

실독증을 이기고 세계 최고 소설가가 된 애거서 크리스티 (Agatha Christie)

크리스티의 추리소설은 성경 다음으로 많은 40억 권이 팔려 그녀는 역사상 최고의 베스트셀러 소설가로 기네스북에 올랐습니다. 작가에게는 사형선고격인 독서장애(dyslexia)를 극복하고 창의적 사고와 저술 방법을 계속 연구하였습니다. 그녀의 추리(mystery)소설은 세계 역사상 독자의 마음을 가장 강하게 사로잡았습니다. 그녀의 "그리고 아무도 없었다(And then there was none.)"는 발표 후 여러 해가 지난 후에도 많은 소설가와 영화제작자의 영감의 원천이었습니다. 다음은 그녀의 명언 중 하나입니다.

Evil is not something superhuman, it's something less than human.

악행이란 초인간적인 것이 아니라 인간 이하의 것이다.

다음과 미리보기

Chanho, I think my dress is out of style.

Well, it looks fine to me.

13 You're out-dated.

유행에 뒤떨어지셨군요.

시작해보기

This was last year's style. 이건 작년 스타일이었어.
[디스 워스 래스 이어즈 스타일]

I think it still looks perfect. 여전히 좋아 보이는데.
[아이 씽크 잇 스틸 룩스 퍼어픽트]

I'm going to get a facelift.
[아임 고잉 투 게러 페이스립트] 난 주름 펴는 성형수술을 받으려고 해.

You must be crazy. 너 정말 미쳤구나.
[유 머스비 크뤠지]

Natural beauty comes from within.
[내추럴 뷰디 캄즈 프롬 위딘] 자연미는 내면에서 생기는 거지.

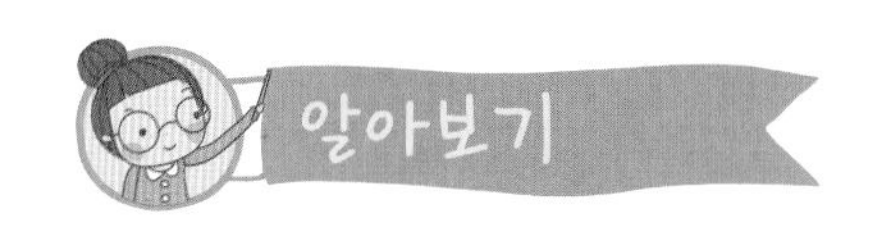

Outlet [아울렛] 등에서 last year's style(작년 스타일)은 싸게 팔죠? On Sale(염가판매)이라는 표시도 보입니다. 하지만 아직 쓸 만한데도 fashion(유행)만 좇는 사람이 많죠? 이럴 땐 I think it still looks perfect(fine, good).라고 말하겠죠?

요즈음은 facelift나 breast enlargement [브레스트 엔라아즈먼트](유방확대)등 여러 plastic surgery [플래스틱 써어저리](성형수술)를 합니다. 이것에 대해 찬반이 있겠죠. 강하게 반대할 때는 You must be crazy.라고도 말할 거구요.

That may be a way you can stay attractive.
[댓 메이비 어 웨이 유 캔 스테이 어츄랙티브] 그걸로 매력을 유지할 수도 있겠죠.

I don't think that's really necessary.
[아이 돈 씽크 댓츠 뤼얼리 넷써쎄리] 그게 정말 필요할 것 같지 않군요.

자연스런 아름다움은 인간 내면에서 생긴다.는 명언이기도 하지만 일상대화에서도 흔히 쓰입니다. 이 말은 프랑스의 유명한 화장품 회사 Lancome [랑콤] (영어발음은 랜코움)이 화장품 선전을 위해 쓴 말이기도 해요. within은 ~의 안쪽에 뜻의 전치사이기도 하지만 명사로 내부라는 뜻도 있습니다. 다음 표현도 자주 쓰입니다.

The enemy comes from within. 적은 내부에서 생긴다.
[디 에너미 캄즈 프롬 위딘]

still [스틸] 여전히
crazy [크뤠지] 미친
natural [내추럴] 자연스런
perfect [퍼어픽트] 완벽한
within [위딘] 내부
beauty [뷰티] 아름다움

I bought it a long time ago. 난 오래 전에 그걸 샀다.
[아이 보오릿 어 롱 타임 어고우]

It has gone out of fashion. 그건 이제 한 물 갔다.
[잇 해즈 곤 아우러 패션]

Apply this cream to your face. 이 크림을 얼굴에 바르시오.
[어플라이 디즈 크리임 투 유어 페이스]

Don't rub your face dry. 얼굴이 건조하게 비비지 마세오.
[돈 롭 유어 페이스 드롸이]

Just dab it lightly. 그걸(얼굴을) 그냥 가볍게 두드리세요.
[저스트 대빗 라이틀리]

I want cosmetic surgery. 난 성형수술을 원해요.
[아이 원 카즈메딕 써어저리]

Maybe make-up would be enough. 화장하면 충분할 거야.
[메이비 메이컵 웃비 이납]

No one can sustain youth forever. 젊음을 영원히 유지할 순 없어요.
[노 원 캔 써스테인 유쓰 퍼레버]

I'll keep that in mind. 그 점 기억할게요.
[아일 킵 댓 인 마인]

apply [어플라이] 바르다
dab [댑] 가볍게 두드리다
cosmetic [카즈메딕] 미용의
enough [이나프] 충분한
forever [퍼레버] 영원히
rub [뤕] 비비다
lightly [라이틀리] 살짝
surgery [써어저리] 수술
sustain [써스테인] 유지하다

알아보기

- 오래 전에 산 것은 유행에 뒤떨어졌다(한물갔다)고 합니다. 여기서도 bought a long time ago → out of fashion 이렇게 연관시켜 생각합시다.

- 동사 apply는 적용하다의 뜻도 있지만 뭘 바른다는 뜻으로도 사용됩니다.

- 성형수술에는 plastic surgery가 있고 cosmetic surgery가 있는데 다소 차이가 있습니다. 2가지 다 미용을 위한 성형수술의 의미로 쓰이지만 plastic surgery는 재활수술의 의미도 포함하고 있습니다.

- Maybe another time.에서처럼 Maybe make-up would be enough.에서의 Maybe도 어쩌면 ~일지도 모른다는 짐작을 표시. 또한 조동사 would는 무뚝뚝하지 않는 공손한 표현에 사용된다는 것 앞서 배웠습니다.

- No one can sustain youth forever. 격언 같아 보이는 이 말도 일상대화에서 자주 쓸 수 있는 표현입니다. Nobody (= No one) can stay young forever.도 같은 말이 되겠죠? 좀 익살스런 다음 표현도 때로 유용하게 쓸 수 있습니다.

  The only way to stay young forever is to die young.
  [디 온리 웨이 투 스테이 영 퍼레버 이즈 투 다이 영] 영원히 젊게 사는 유일한 길은 젊어서 죽는 것이다.

발음 익히기

◎ get a 게러, bought it 보오릿, out of 아우러, dab it 대빗, like a 라이커, enough 이나프에서 gh의 f발음 (gh = f) 등 발음 주의.

◎ last 래스, must be 머스비, want 원, mind 마인 등에서 t, d의 탈음

◎ **줄임 형태의 발음**

I'll [아일]

you'll [유울]

this'll [디쓸]

what'll [와들]

won't (= will not) [우온트]

◎ **R & L, F & P, V & B 익히기 코너**

R	really, rub, crazy
L	last, long, lightly
F	facelift, fashion, enough
P	perfect, plastic, apply
V	attractive, forever
B	beauty, breast, bought

1. 현재진행형으로 미래 표현

현재진행형이 미래 표현에도 사용된다고 했습니다.

1) I'm skating now. 난 지금 스케이트를 타고 있다.
   [아임 스케이딩 나우]

2) I'm skating with Hana on Sunday. 난 일요일에 하나와 스케이트를 탈 것이다.
   [아임 스케이딩 위드 하나 온 썬데이]

위의 1)은 현재진행 중임을 표현 2)는 현재진행형으로 미래에 일어날 일을 표현

2. 수동형이란?

내가 그를 때린다와 그가 나에게 맞는다는 결국 같은 뜻이지만 전자는 능동형, 후자는 수동형이 돼 표현에 차이가 생기죠. 수동형 정복비결은 다음 5가지.

1) 능동형에서는 주어가, 수동형에서는 [by + A]의 A가 행동주체
2) 수동형은 [be동사 + 과거분사] 형태다.
3) 과거의 사실을 표현할 때 be동사는 현재형에서 과거형으로 바뀐다.
4) 완료를 표현할 때는 have 동사와 be 동사의 과거분사 been이 사용된다.
5) 동사의 불규칙변화를 알아야 한다.

예: beat (때리다) → beat (현재) − beat (과거) − beat 또는 beaten (과거분사)

때	형태	예문	행동주체
현재	능동형	I beat him. 난 그를 때린다.	I
1), 2)*	수동형	He is beaten by me. 그는 나에게 맞는다.	me
과거	능동형	I beat him. 난 그를 때렸다.	I
3)*	수동형	He was beaten by me. 그는 나에게 맞았다.	me
완료	능동형	I have beaten him. 난 그를 때렸다.	I
4), 5)*	수동형	He has been beaten by me. 그는 나에게 맞았다.	me

* 표시를 한 번호는 위의 해당사항을 표시. 5는 모두에 적용됨.

그림으로 배우는 단어

Domestic Travel (국내여행)

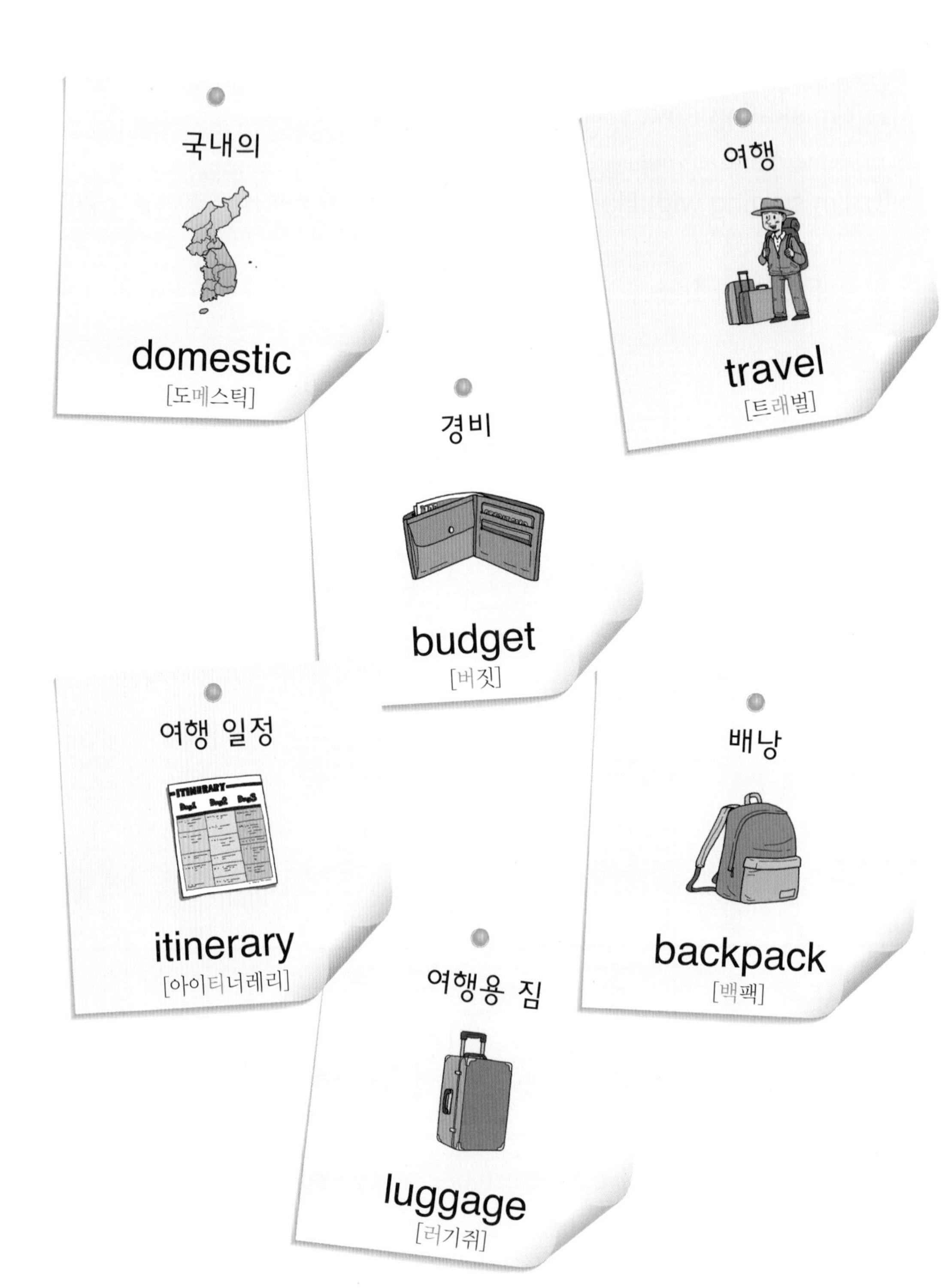

관광사업

tourism
[투어뤼즘]

관광객

tourist
[투어뤼스트]

주유소

gas station
[개스 스테이션]

숙박시설

accommodation
[어카머데이션]

목적지

destination
[데스터네이션]

관광

sightseeing
[싸잇씽]

해안

coast
[코우스트]

잘 배웠나 알아보기

1. 빈칸에 들어갈 가장 적당한 단어를 골라 맞는 번호를 적으시오.

❶ Natural beauty comes from ________. ① before ② within ③ later

❷ This was last year's ________. ① good ② style ③ outlet

❸ I'll ________ that in mind. ① like ② want ③ keep

❹ You must be ________. ① crazy ② facelift ③ come

2. 물음과 관련된 문장을 골라 그 번호를 괄호 안에 적으시오.

❶ 오른쪽 문장의 뜻은? I think it still looks perfect.

① 여전히 좋아 보이는데. ② 괜찮아 보여. ③ 항상 그렇게 생각해.

❷ 다음 중 수동형 문장은?

① He was beaten by me. ② I beat him. ③ He beat me.

❸ 다음 (현재 – 과거 – 과거분사) 배열 중 불규칙변화 동사가 아닌 것은?

① cut - cut - cut ② live - lived - lived ③ drink - drank - drunk

3. 다음 단어의 뜻을 적어보세요.

❶ natural

❷ rub

❸ forever

정답

1. ❶ ② ❷ ② ❸ ③ ❹ ①
2. ❶ ① ❷ ① ❸ ②
3. ❶ 자연스런 ❷ 비비다 ❸ 영원히

농구팀에서 쫓겨나고 재기해 농구 황제가 된 마이클 조던 (Michael Jordan)

Photo by Steve Lipofsky

세계 역사상 최고의 농구선수 조던은 미국 프로농구 MVP 5차례, 올림픽 금메달 2회 획득 등 수많은 최고상을 받은 농구의 살아있는 전설. 돈을 많이 번 스포츠맨, 거부사업가로도 유명합니다. 하지만 그는 고교시절 농구팀에서 실력부족으로 쫓겨났었습니다. 그러나 엄청난 노력으로 좌절을 성공으로 바꿨습니다. 그는 9,000번 이상 슛(shot)에 실패했고 300게임(game)에서 졌으며 승리를 결정지을 수 있는 슛도 26번이나 놓쳤지만 이런 실패가 약이 됐다고 말합니다. 다음은 그의 명언들 중 하나입니다.

I have failed over and over and over again in my life. And that is why I succeed.

나는 살면서 실패하고, 실패하고, 또 실패했다.
이것이 내 성공의 이유다.

다음과 미리보기

I took a trip to Jeju-do.

제주도로 여행했습니다.

시작해보기

Can you save my place for me?
[캔 유 세이브 마이 플레이스 포 미] 제 자리를 좀 봐주시겠어요?

Sure. Will you be long? 네, 오래 걸리겠습니까?
[슈어 윌 유 비 롱]

No, nature's calling. 아니요. 소변보고 오겠습니다.
[노우 네이쳐즈 콜링]

Sure. But hurry. 네. 하지만 서두르세요.
[슈어 벗 허리]

The line is moving fast. 행렬이 빨리 움직이고 있습니다.
[더 라인 이즈 무빙 패스트]

Thanks. It won't be long.
[땡쓰 잇 우온트 비 롱] 고맙습니다. 곧 돌아오겠습니다.

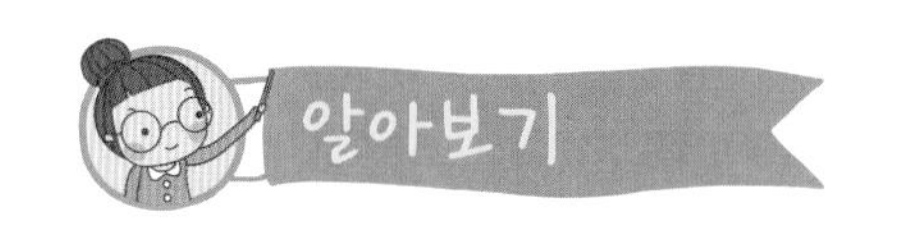

공항, 정거장 등에서 자리를 봐달라고 부탁하는 경우 Can you save my place for me? 또는 Please save my place for me. 등으로 말합니다.

시간이 오래 걸리느냐고 물으면 그렇지 않다고 응답할 때 No, nature's calling. 또는 No, nature calls me. 직역하면 자연이 부른다. 소변 등을 위해 화장실에 가는 것은 자연스런 일이죠? 다음도 일반적인 응답입니다.

No, it won't be long. 아니요. 오래 걸리지 않습니다.
[노우 잇 우온 비 롱]

No, I'll be right back. 아니요. 곧 돌아오겠습니다.
[노우 아일 비 롸잇 백]

No, I just wanna use the bathroom. 아니요. 화장실에 좀 다녀오려고요.
[노우 아이 저스 워나 유스 더 배쓰룸]

I think I feel nature's call coming on. 소변을 좀 봐야할 것 같습니다.
[아이 씽크 아이 필 네이쳐즈 콜 캄잉 온]

서두르라고 할 때는 You'd better hurry. (빨리 하시는 게 좋겠군요.) 또는 간단히 Hurry.

공항, 가게 등에서 사람이 늘어서 있는 행렬을 line이라고 합니다. 행렬이 늦게 움직이면 The line is moving slowly. 또는 The line is so slow. 등으로 말합니다.

save [쎄이브] 남겨두다
hurry [허리] 서두르다
nature [네이쳐] 자연
move [무브] 움직이다

I heard you traveled a lot recently.
[아이 허어드 유 트뤠벌 더랏 뤼슨트리] 네가 최근에 여행을 많이 했다고 들었어.

Yeah. I traveled to many cities in the south.
[야 아이 트뤠벌드 투 메니 씨티즈 인 더 싸우스] 응. 남쪽 도시들로 여행했지.

Did you take a trip to Sokcho lately? 최근 속초에 여행 했어?
[디쥬 테이커 트륍 투 속초 레이틀리]

Yes, I went there last month. 그래, 지난 달 거기에 갔었어.
[예스 아이 웬 데어 래스 먼쓰]

How did you like your trip? 여행은 어땠어?
[하우 디쥬 라익 유어 트륍]

I enjoyed it very much. 아주 즐거웠어.
[아이 엔조이 딧 베리 머치]

Oh, I got sick and tired of restaurant food.
[오우 아이 갓 씩 앤 타이더브 뤠스토랑 푸드] 아, 식당 음식에 물렸어.

I can imagine. 알만해.
[아이 캔 이매진]

East or west, home is the best. 어디서나 자기 집이 최고지.
[이스트 오어 웨스트 호움 이스 더 베스트]

You bet! 그럼.
[유벳]

heard [허어드] 동사 hear [히어] (듣다)의 과거, 과거분사

recently [리슨트리] 최근에

lately [레이틀리] 최근에

imagine [이매진] 짐작하다

east [이스트] 동쪽

west [웨스트] 서쪽

bet [벳] 내기하다

알아보기

A라는 곳으로 여행하다는 표현은 많은데 travel to A 또는 take(make) a trip to A를 흔히 씁니다. I took a trip to Jeju-do. (난 제주도로 여행을 갔다.)

A를 즐겼다는 표현은 I enjoyed A. 다음은 자주 쓰는 표현.

I really enjoyed your company. 함께해서 정말 고맙다. → 여행 등의 동반자에게.
[아이 뤼얼리 엔조이드 유어 컴퍼니]

I enjoyed every minute of my stay there. 그곳에 머무는 동안 아주 즐거웠다.
[아이 엔조이드 에브리 미닛 업 마이 스테이 데어]

I took pleasure in looking around the city. 시내 구경을 재미있게 했다.
[아이 툭 플레저린 루킹 아롸운 더 씨티]

get (am) sick and tired와 유사한 표현으로 I'm fed up with pizza (this place). 난 피자는(이곳은) 이제 지겹다.도 흔한 표현이니 알아둡시다.

imagine은 상상하다, 추측하다 등의 뜻으로 대화에서 자주 사용되는 단어입니다.

Can you imagine such a thing? 그런 일을 상상이라도 할 수 있겠어요?
[캔 유 이매진 써치 어 씽]

Just imagine! 생각 좀 해봐요! (말도 안 되지 않아요!)
[저스트 이매진]

You bet. = You can bet on it. [유 캔 벳온잇] 직역하면 그것에 내기를 걸 수 있다, 즉 Yes (그럼), Of course (물론)와 같은 말. 같은 뜻으로 You betcha. [유 베쳐]라고도 합니다.

◎ won't 우온, traveled to 트뤠블 투, went to 웬 투 등에서 t, d의 탈음

◎ better 베러, traveled a lot 트뤠블 더랏, take a 테이커, enjoyed it 엔조이 딧, sick and tired of 씩 앤 타이덥 등 발음 주의. → 문장이 길어질수록 단어들이 상호 연결되면서 발생하는 변음현상이 많아짐에 유의.

◎ **R & L, F & P, V & B 익히기 코너**

R	right, recently, really
L	line, lot, lately
F	feel, for, fed
P	please, pleasure, pizza
V	very, save, travel
B	back, bet, bathroom

쉬운 문법 정리하기

1. 원형동사란?

우리말에서도 일례로 간다(현재)와 갔다(과거)의 원형동사는 가다. 영어에서도 go(간다-현재)와 went(갔다-과거)의 원형동사는 go(가다). 영어는 원형동사와 현재의 형태가 동일한 경우가 대부분입니다.

종류	원형동사	현재형	과거형	미래형
우리말	가다	간다	갔다	갈 것이다
영어	go	go	went	will go

2. 3인칭 단수란?

인칭은 1과에서 배웠습니다. 우리말처럼 영어도 단수와 복수가 있습니다.

예: 나(I)와 그녀(she)는 단수, 그들(they)은 복수. 중요한 점은 인칭, 때(현재, 과거 등), 단수, 복수에 따른 동사변화.

주어	인칭	be동사 현재	be동사 과거	주목할 점
I	1인칭	am	was	3인칭 단수 현재 동사 → is
You	2인칭	are	were	
She(He, It)	3인칭	is (단수)	was	
They	3인칭	are (복수)	were	

주어란? → 배우세!

3. 명령문이란?

우리말도 가령 (너) 일해라고 명령하듯 영어도 같아요. 중요한 점은 명령문 동사는 동사의 원형. 원형동사의 앞에 명령을 받는 You가 주로 생략됩니다.

be동사 명령문	(You) Be a man. (너) 인간이 되어라.	원형동사 be
일반동사 명령문	(You) Work hard. (너) 열심히 일하라.	원형동사 work

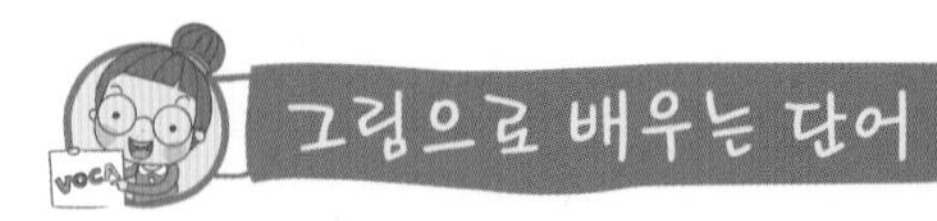

1 **international**
[인터내셔널] 국제적인

2 **airport** [에어폿] 공항

3 **airline** [에어라인] 항공사

4 **flight** [플라잇] 항공로 편

5 **coach = economy class**
[코우취] [이카너미 클래스] 일반석

6 **business class**
[비즈니스 클래스] 비즈니스석

7 **first class**
[퍼어스트 클래스] 1등석

8 **round trip** [롸운 트립] 왕복

9 **one way** [원 웨이] 편도

10 **carry-on bag** [캐뤼온 백] 기내휴대가방

11 **boarding pass** [보딩 패스] 탑승권

12 **departure** [디파춰] 출발

13 **arrival** [어롸이벌] 도착

14 **baggage** [배기쥐] 수하물

잘 배웠나 알아보기

1. 빈칸에 들어갈 적당한 단어를 골라 번호를 적으세요.

❶ I can ______ . ① imagine ② travelled ③ Seoul

❷ I enjoyed it ______ . ① work ② very much ③ fun

❸ I ______ you traveled a lot recently. ① lately ② long ③ heard

❹ Did you ______ a trip to Korea lately? ① take ② go ③ for

2. 첫 문장과 가장 관련이 깊은 것을 고르시오.

❶ It won't be long.

① I'll be right back. ② Thanks. ③ Sure.

❷ I wanna use the bathroom.

① Nature's calling. ② Hurry. ③ No

❸ The line is moving slowly.

① The line is slow. ② The line is fast. ③ The line is busy.

3. 다음 물음에 맞는 단어를 빈칸에 적어보세요.

❶ 동사 go의 과거형

❷ You 다음에 나올 수 있는 현재형 be 동사는?

❸ She 다음에 나올 수 있는 현재형 be 동사는?

❹ Of course의 우리말 뜻은?

정답

1. ❶ ① ❷ ② ❸ ③ ❹ ①
2. ❶ ① ❷ ① ❸ ①
3. ❶ went ❷ are ❸ is ❹ 물론

재미있는 공부 에피소드

Disneyland (Photo by cd637)

상상력 부족으로 신문사에서 퇴짜당한 상상력의 제왕 월트 디즈니 (Walt Disney)

꼬마시절 미술에 관심이 컸던 디즈니에게 가난한 농부 아버지는 엄격했지만 어머니와 큰 형의 배려로 미술계 중학교에 진학했습니다. 유럽에서 전쟁미술을 배우려 1차 세계대전 중 16세에 입대를 시도했으나 연령미달로 떨어져 적십자 앰뷸런스(ambulance) 운전수로 프랑스에 갔습니다. 신문만화가가 되려했으나 상상력과 창의력 부족 이유로 거절당했습니다. 하지만 20달러를 쥐고 할리우드로 나가 상상력 넘치는 만화영화로 대성공합니다. 2010년 그가 창업한 월트디즈니사의 총수입은 40조원에 달했습니다. 다음은 그의 명언 중 하나입니다.

All the adversity I've had in my life, all my troubles and obstacles, have strengthened me.

인생에서 겪은 모든 역경, 고뇌, 장애들 덕분에 나는 강해졌다.

다음과 미리보기

Can I see your passport?

여권 좀 볼까요?

시작해보기

When would you like to depart?
[웬 우쥬 라익 투 디파아트] 언제 출발하시겠습니까?

On Friday the 12th of next month.
[온 프라이데이 더 트웰브쓰 업 넥스 먼쓰] 다음달 12일 금요일입니다.

Will that be round trip or one way?
[윌 댓 비 롸운 트립 오어 원웨이] 왕복입니까, 편도입니까?

Round trip please. 왕복입니다.
[롸운 트립 플리즈]

Would you like economy or business class? 일반석입니까 비즈니스석입니까?
[우쥬 라익 이카너미 오어 비즈니스 클래스]

Economy class please. 일반석을 주세요.
[이카너미 클래스 플리즈]

알아보기

- 영어를 배웠으니 해외여행 (foreign travel [포린 트래벌]이라고도 함)도 해봅시다. 우선 항공권을 예약해야 하는데 여행사에선 출발예정일을 묻습니다. 응답방법은 Tuesday, May 11. (5월 11일 화요일입니다.), Wednesday next week. (다음 주 수요일입니다.) 등 여러 가지가 가능합니다.

- 날짜는 서수로도 말합니다. 가령 Thursday, July the 12th (7월 12일 목요일), 이렇게 말할 경우 the 12th(12번째 날)는 서수. 서수 앞의 정관사 the에 주의. 서수의 뜻과 이것과 대조되는 기수는 앞서 이미 배웠습니다. 서수는 문법정리에서 배우세!

- 왕복표를 살 것인지 편도를 이용할 것인지를 묻는데 주로 왕복표를 사겠죠? 답은 Round trip please. 아니면 One way please.

- 등급(class)별로 coach(economy), business, first 중 뭘 사겠는지 묻습니다. 경제적으로 넉넉하다면 답은 Business (First) class please. 부자라도 알뜰한 사람은 Coach please.라고 하겠죠. 2008년 세계 최고 부자로 꼽혔고 세계 최고 자선기부자 중 하나인 미국기업인 Warren Buffet은 주로 coach만 타는 것으로도 유명합니다.

Can I have your ticket, please? 탑승티켓을 보여주시겠습니까?
[캔 아이 해브 유어 티킷 플리즈]

Here you are. 여기 있습니다.
[히어 유 아]

Would you like a window or an aisle seat?
[우쥬 라이커 윈도우 오어 랜 아일 씻] 좌석은 창가, 통로 어딜 원하시나요?

An aisle seat, please. 통로좌석을 주세요.
[앤 아일 씻 플리즈]

Do you have any baggage to check in? 보낼 짐이 있습니까?
[두유 해브 에니 배기쥐 투 첵킨]

Yes, two suitcases and this carry-on bag.
[예스 투 쑤웃케이시스 앤 디스 캐리온 백] 가방 2개와 이 휴대가방입니다.

Are you a tourist or on business?
[아 유어 투어리스트 오어 론 비즈니스] 관광객입니까, 아니면 사업차 오셨습니까?

For sightseeing. 관광하러 왔습니다.
[포 싸잇씽]

Do you have anything to declare? 신고하실 게 있습니까?
[두유 해브 에니씽 투 디클레어]

Nothing. 아무 것도 없습니다.
[나씽]

Could you open your bag please? 가방을 열어 주십시오.
[쿠쥬 오우픈 유어 백 플리즈]

Sure. [슈어] 네.

ticket [티킷] 표
aisle [아일] 통로
window [윈도우] 창문
suitcase [쑤웃케이스] 옷가방

알아보기

공항에서 항공사 직원이 묻는 것은 주로 ticket, boarding pass, passport, luggage 등. ticket은 boarding pass로 바꾸어 탑승합니다.

Can (May) I see your passport (ticket), please?
[캔 (메이) 아이 씨 유어 패스풋(티킷) 플리즈] 여권을(표를) 보여주시겠습니까?

Here it is. = Here they are. = Here you are. 여기 있습니다.
[히어 릿티즈] [히어 데이 아] [히어 유 아]

승객들은 중간석보다 window seat와 aisle seat를 선호. 창가와 통로 선호승객을 각각 window flier [윈도우 플라이어], aisle seater [아일 씨터]라고 합니다.

check in은 짐 붙이는 절차. 기내휴대 짐은 cabin baggage = hand luggage = carry-on luggage. carry-on bag(기내휴대가능 가방)의 수는 다음과 같이 묻습니다.

How many bags may I carry on? [하우 메니 백스 메이 아이 캐리 온]
How many carry-on bags are allowed? [하우 메니 캐리 온 백스 아 얼라웃]

도착(입국)하면 입국심사관과 다음 말들이 보통 오갑니다.

What's the purpose of your visit? 방문 목적이 무엇이죠?
[왓츠 더 퍼퍼스 업 유어 비짓]

For pleasure (studying, vacation) 놀려고 (공부하러, 휴가차) 왔습니다.
[포 플레저 (스터디잉, 베이케이션)]

How long will you stay? [하우 롱 윌 유 스테이] 얼마나 체류할 예정이시죠?

About two weeks (ten days). [어바웃 투 윅스 (텐 데이즈)] 약 2주(10일)입니다.

Where will you be staying in? [웨어 윌 유 비 스테잉 인] 어디서 머무시죠?

At the Holiday Inn on Lake Street. 레이크가 홀리데이 인에서 묵습니다.
[앳 더 할러데이 인 온 더 레이크 스트릿]

◎ next 넥스트, round 롸운드에서 t, d 탈음.

◎ or an aisle 오어 론 아일, or on business 오어 론 비즈니스, Here it is 히어 릿티즈 등에서 r + 모음의 연결로 인한 변음에 주의.

◎ check in 체킨, allowed 얼라웃 등 발음 주의.

◎ passport 패스폿, ticket 티킷, seat 씻, visit 비짓 등에서 패스포트(X), 티키트(X), 씨트(X), 비지트(X) 등으로 발음하지 않음.

◎ R & L, F & P, V & B 익히기 코너

R	round, carry, street
L	long, luggage, lake
F	Friday, first, flier
P	passport, purpose, pleasure
V	visit, vacation, travel
B	business, baggage, boarding

쉬운 문법 정리하기

1. 9개 규칙으로 정리되는 의문사 배우기

1) 7개 의문사 who, what, when, where, why, which, how가 핵심이다.
2) 의문사로 시작하는 의문문에는 Yes나 No로 답할 수 없다.
3) 대명사(의문대명사), 형용사(의문형용사), 부사(의문부사)로 사용된다.
4) 의문대명사는 주어와 목적어로 사용되고 의문형용사와 의문부사는 형용사와 부사 역할(꾸미는 일)을 한다.

의문사	예문	품사	역할
who	Who said so? 누가 그렇게 말했나요?	대명사	주어
what	What do you do? 직업은 뭐죠?	대명사	목적어
when	When did you know? 언제 아셨죠?	부사	know를 꾸밈
where	Where do you live? 어디 사시죠?	부사	live를 꾸밈
why	Why did you cry? 왜 우셨지요?	부사	cry를 꾸밈
which	Which bag is yours? 어느 백이 네 것이야?	형용사	bag을 꾸밈
how	How do you do? 안녕하세요?	부사	do를 꾸밈

5) 의문사 who는 주격 외에 목적격 whom과 소유격 whose로 변화도 한다.
6) whom대신 who를 목적격으로 사용가능함. Who(m) did you see? (누굴 봤어?)
7) 주격은 주어자격, 목적격은 목적어자격, 소유격은 소유자격을 뜻한다.
8) 소유격은 누구(무엇)의 소유인지를 묻고 아래 예문 하나로 쉽게 이해된다.
9) 주격과 목적격은 주어와 목적어를 배우면 자연히 이해되는데 이것들은 뒤에 문장의 5형식을 배울 때 모두 알게 된다. 배우세! 문법이 이해하기 어려울 때는? 무조건 예문들만 여러 번 읽으면 됩니다.

격	예문	설명
주격	Who came? 누가 왔느냐?	who가 주어
목적격	Who(m) do you love? 누굴 사랑해?	who(m)이 love의 목적어
소유격	Whose bag is it? 그 가방 소유주는?	whose로 bag의 소유주를 물음

1 **supermarket** [쑤퍼마아킷] 슈퍼마켓

2 **aisle** [아일] 통로

3 **cash register** [캐쉬 뤠저스터] 금전등록기

4 **checkout** [첵카웃] 계산대

5 **grocery** [그로우서리] 식품류

6 **shopping list** [쇼핑 리스트] 구매목록

7 **shopping cart** [쇼핑 카아트] 쇼핑용 손수레

8 **basket** [배스킷] 바구니

9 **coupon** [쿠폰] 쿠폰

10 **queue** [큐] (줄을 선) 사람 행렬

11 **receipt** [리씻트] 영수증

12 **dairy product**
[데어리 프로닥트] 낙농제품

13 **frozen foods**
[프로우즌 푸우즈] 냉동식품

잘 배웠나 알아보기

1. 빈칸에 들어갈 적당한 단어를 오른쪽에서 골라 적어보세요.

❶ On Friday ______ 12th of next month. (the, in, of)

❷ Will that be ______ trip or one way? (two, round, for)

❸ ______ class please. (Window, Economy, Aisle)

❹ Do you have anything to ______ ? (business, ticket, declare)

2. 빈칸에 들어갈 적당한 단어를 골라 번호를 적으세요.

❶ What's the ______ of your visit.
① purpose ② pleasure ③ studying

❷ Here you ______ .
① like ② are ③ stay

❸ Do you have any ______ to check in?
① boarding ② passport ③ baggage

❹ Are you a tourist or on ______ ?
① carry ② business ③ customs

3. 다음 물음에 대한 답을 괄호 안에 적어보세요.

❶ 첫 글자 발음이 다른 단어로 짝지어진 것의 번호는?
① long - lake ② for - first ③ visit - baggage

❷ How long will you stay?에 가장 적당한 응답은?
① For vacation ② About a week ③ First class please.

정답

1. ❶ the ❷ round ❸ Economy ❹ declare
2. ❶ ① ❷ ② ❸ ③ ❹ ②
3. ❶ ③ ❷ ②

쉽고 즐거운 영어 동요

QR코드로 노래를 들어보세요!

Twinkle, Twinkle, Little Star
트윙클 트윙클 리를 스타

다음과 미리보기

16 I'm looking for pasta.

파스타를 찾는데요.

시작해보기

Where are the potatoes? 감자는 어디에 있죠?
[웨어 아 더 퍼테이토즈]

They're at aisle 7. 7번 통로에 있습니다.
[데어렛 아일 쎄븐]

Anything else? 다른 것도 찾으세요?
[에니씽 엘스]

Yes, 10 slices of ham please.
[예스 텐 슬라이시스 업 햄 플리즈] 네. 햄 10조각이 필요합니다.

No, that's all. 아니오. 그게 전부입니다.
[노우 댓츠 올]

단어 주워 담기

- potato [퍼테이토] 감자
- aisle [아일] 통로
- else [엘스] 그 밖에
- slice [슬라이스] 조각

알아보기

사려는 물건 A가 어디 있는지 물을 때 Where is (are) A? 또는 I'm looking for A. A = pasta [파스타], rice [라이스] (쌀), vegetables [베저터블즈] (야채) 등. deli는 delicatessen [델리커테슨]을 줄인 것으로 소시지, 통조림 등의 조제식품.

Where is the deli counter? 조제식품 판매대가 어디죠?
[웨어 이즈 더 델리 카운터]

I'm looking for the deli counter. 조제식품 판매대를 찾고 있습니다.
[아임 루킹 포 더 델리 카운터]

이에 대한 응답은 다음처럼 다양합니다. 우리말도 마찬가지죠.

It's to the right, three aisles down. 오른쪽으로 통로 3개를 지나면 있습니다.
[잇츠 투 더 롸잇 쓰리 아일즈 다운]

It's next to the checkout. 계산대 옆에 있습니다.
[잇츠 넥스트 투 더 첵카웃]

구매하려는 물건에 대해 묻고 나면 점원 등이 다른 필요한 것들도 있는지 묻는데 Anything else?는 Will there be anything else?를 줄인 것. Will that be all? [윌 댓 비 올] (그게 전부인가요?)도 같은 말이 되겠죠. 물론 이런 표현들은 슈퍼마켓뿐만 아니라 식당 등에서도 사용됩니다. 다음 응답들도 알아둡시다.

Yes, I want to buy some bananas. 네. 바나나를 좀 사려합니다.
[예스, 아 원 투 바이 썸 버내너즈]

No, thank you, that'll be all for now. 아니오. 고맙습니다. 지금은 그게 전붑니다.
[노우 땡큐 대들 비 올 포 나우]

No, that's it, thank you. 아니오. 그게 전붑니다. 고맙습니다.
[노우 댓츠 잇 땡큐]

Do you have the shopping list? 물건 구매목록 있어요?
[두 유 해브 더 쇼핑 리스트]

Yes. I brought it. 예, 가져왔어요.
[예스 아이 브로 딧]

Me? I thought you brought it. 내가? 당신이 가져온 걸로 생각했는데.
[미 아이 솟츄 브로 딧]

We need some bread and fruits. 빵과 과일이 좀 필요해요.
[위 니드 썸 브레댄 프루츠]

The bakery is that way. 제과부는 저쪽입니다.
[더 베이커리 이즈 댓 웨이]

The fruits are at the produce section.
[더 프루츠 아 앳 더 프로듀스 섹션] 과일은 농산물부에 있어요.

How many loaves should we get? 빵이 몇 개나 필요하죠?
[하우 메니 로브스 슛 위 겟]

Do you have a loyalty card? 포인트 카드 있으세요?
[두유 해버 로열티 카드]

Do you have discount coupons? 할인 쿠폰 있으세요?
[두유 해브 디스카운 쿠우폰즈]

Here's your change and receipt. 잔돈과 영수증 받으세요.
[히어즈 유어 체인지 앤 리씨잇]

produce [프로듀스] 농산물 cf. produce [프러듀스] 생산하다
section [섹션] 구역
loyalty [로열티] 충성
discount [디스카운트] 할인
coupon [쿠우폰] 쿠폰
change [체인지] 잔돈
receipt [리씨잇] 영수증

- 마켓에 갈 때 지참하는 구매목록을 shopping list라고 합니다. 물품 구매뿐 아니라 처리해야할 일들을 메모해볼 수도 있는데 이것도 shopping list라고 합니다.

- Me?는 내가요?라고 되물을 때 사용합니다. 저요? 아니요. 제가 하지 않았어요.는 Me? No, I didn't do it.이라고 하면 되겠습니다.

- 가장 많이 사용되는 기본동사 think와 bring 2개 동사의 불규칙 변화 think – thought(과거) – thought (과거분사), bring – brought (과거) – brought (과거분사). 불규칙동사변화는 이렇게 하나씩 배우는 것이 능률적입니다.

- 무엇이 5번 통로에 있다는 표현은 aisle 5, 또는 저쪽(that way) 등으로 말할 수 있겠죠. 가령 Bananas are that way. (바나나는 저쪽에 있습니다.)

  produce는 생산하다[프러듀스]와 농산물[프로듀스] 2가지 뜻의 단어인데 발음차이에 특히 주의하세요.

- loaves는 loaf [로우프] (덩어리)의 복수형인데 빵은 몇 덩어리 이렇게 표현합니다. 5개의 빵은 five loaves of bread. 명사의 복수형은 문법정리에서 배우세!

- loyalty card는 고객을 끌기 위해 포인트를 적립하는 카드. rewards card [리워즈 카드], points card [포인츠 카드], club card [클럽 카드] 등 여러 명칭이 있습니다.

◎ they're는 there [데어]와 유사하게, they'll은 [델]과 유사하게 발음. there're + in → 데어린

◎ brought it 브로 딧, thought you 쏫츄, bread and fruits 브레댄 프루츠, have a 해버 등 2개 이상의 단어가 연결될 때의 연결변음현상에 주의.

◎ discount [디스카운]에서 t탈음

◎ **R & L, F & P, V & B 익히기 코너**

R	rice, receipt, three, bring
L	looking, list, slice
F	fruit, for, loaf
P	pasta, potato, produce
V	vegetables, loaves, have
B	buy, banana, bread

1. 명사의 단수와 복수

대명사 I의 복수는 We라고 배웠습니다. 명사에도 1개인 단수와 2개 이상인 복수가 있습니다. 단수를 복수로 만드는 규칙은 간단합니다. 다음 5개 규칙을 알아둡시다.

5개 규칙	단수	복수	설명
~s형	one banana	two bananas	명사에 s를 붙임
~es형	one potato	two potatoes	명사에 es를 붙임
~ves형	one loaf	two loaves	끝 f자가 ves로 변함
~ies형	one lady	two ladies	끝 y자가 ies로 변함
불규칙	one man	two men	다 외워야 하지만 몇 개 안됨

2. 완료형 배우기

1) 완료형은 현재완료, 과거완료, 미래완료 등 3가지인데 어떤 행동을 어느 시점에 마쳐 이미 완료된 것을 나타냅니다.

2) 조동사 have, had, will have를 사용하여 3가지 완료형을 만듭니다.

완료형	예문	설명
현재완료	I have(=I've) eaten lunch. 난 점심을 다 먹었다.	현재 점심을 다 먹고 다른 일도 할 수 있는 상태임
과거완료	I had(=I'd) eaten lunch. 난 점심을 다 먹었었다.	과거에 점심을 다 먹고 다른 일도 할 수 있었던 상태에 있었음
미래완료	I will have eaten lunch. 난 점심을 다 먹을 것이다.	미래 어느 때엔 점심을 다 먹고 다른 일도 할 수 있는 상태일 것임

이것으로 완료형 공부 끝!

그림으로 배우는 단어

Traffic (교통)

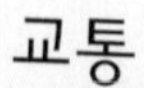

교통

traffic
[트래픽]

수송

transportation
[트랜스퍼테이션]

지하철

subway
[써브웨이]

고속도로

freeway
[프리웨이]

도로

route
[루트]

(고속도로 등의) 출구

exit
[에그짓, 엑씻]

사고
accident
[액시던트]
안전벨트
seat belt
[씻 벨트]
주차하다
P
park
[파아크]
파란 불
green light
[그뤈 라잇]
빨간 불
red light
[뤠드 라잇]
운전면허증
DRIVER'S LICENSE
driver's license
[드롸이버즈 라이선스]
벌금
Parking Fine
fine
[파인]

잘 배웠나 알아보기

1. 빈칸에 들어갈 적당한 단어를 골라 번호를 적으세요.

❶ They're at ______ . ① there ② way ③ aisle 7

❷ We need ______ bread. ① some ② two ③ loaf

❸ The fruits are at the ______ section.
① aisle ② produce ③ bakery

❹ Do you have ______ coupons?
① discount ② loyalty ③ buy

2. 물음에 맞는 것을 고르시오.

❶ Anything else?에 대한 반응은?
① No, that's all. ② Okay. ③ Thanks.

❷ 현재완료형은? ① have eaten ② had eaten ③ will eat

❸ loyalty card와 같은 것은? ① my card ② points card ③ list

❹ 다음 중 명령문은? ① Be a man! ② You're good. ③ Thank you.

3. 다음 물음에 대한 답을 빈칸에 적어보세요.

❶ shopping list의 우리말 뜻은?

❷ receipt의 우리말 뜻은?

❸ banana의 복수형은?

❹ bring의 과거분사는?

정답

1. ❶ ③ ❷ ① ❸ ② ❹ ①
2. ❶ ① ❷ ① ❸ ② ❹ ①
3. ❶ 구매목록 ❷ 영수증 ❸ bananas ❹ brought

재미있는 공부 에피소드

중학교 중퇴자로 코닥 카메라 회사를 창업한 조지 이스트먼 (George Eastman)

Eastman

★ Kodak 카메라와 두루마리필름(roll film)을 발명해 저명 사업가가 된 이스트먼은 14세에 아버지를 잃고 어머니와 누이동생들을 부양하기 위해 학업을 중단, 회사 사환으로 일했습니다. 그는 독학으로 사진기술을 연구, 건식필름발명에 성공해 1880년 시작한 사업은 그 후 세계적 기업으로 성장했습니다. 일체의 불량품을 교환해 주고 사원들에게 주식을 배분한 최초의 미국인 사업가이며, 많은 대학들과 단체에 회사이익을 환원한 윤리적 기업인입니다. 다음은 그의 초기 사업 슬로건(slogan)입니다.

You press the button, we do the rest.

찍기만 하세요. 나머지는 우리가 다 합니다.

다음과 미리보기

Please drive safely, sir.

선생님, 안전운전하세요.

My car wouldn't start this morning.
[마이 카 우든 스타앗 디스 모오닝] 아침에 차가 도무지 시동이 안 걸렸어.

Did you check the battery? 배터리 살펴봤어?
[디쥬 첵 더 배더리]

Yeah. It was dead again.
[야 잇 워스 뎃 어게인] 그래. 배터리가 또 나갔어.

Sir, did I do anything wrong?
[써어 디다이 두 에니씽 롱] 제가 뭐라도 잘못 했나요?

Yes, sir. You ran through the stop sign.
[예스 써어 유 랜 쓰루 더 스탑 싸인] 네. 정지신호를 무시했습니다.

start [스타앗] 시동이 걸리다 dead [뎃] 죽은, 전원이 작동하지 않는

알아보기

운전에서 가장 중요한 것은 안전운전. 자동차에는 항상 여러 문제들이 생기는데 시동불량도 그 중 하나. won't start = will not start는 차에도 고집이 있는 것처럼 도무지 시동이 안 걸린다는 것. 과거 일은 won't의 과거형 wouldn't 사용. *wouldn't [우든] 도무지 ~하지 않으려한다.

Drive safely. [드라이브 세이플리] 안전운전 하세요.

The car won't (wouldn't) start. 시동이 도무지 안 걸린다(걸렸다).
[더 카 우온(우든) 스타앗]

The car door won't (wouldn't) open. 자동차 문이 도무지 안 열린다(열렸다).
[더 카 도어 우온(우든) 오우픈]

배터리가 나가면 영어로는 죽었다(dead)고 합니다. 다음 표현들과 유사한 말.

My car battery broke down. 내 차 배터리가 고장이 났다.
[마이 카 배더리 브로커 다운]

The battery is down. 배터리가 나갔다.
[더 배더리즈 다운]

Sir는 선생님 등의 존칭인데 교통경찰을 officer [오피서]라고 하며 경찰에 대한 존칭으로 사용합니다. 경찰도 남자운전자에게 같은 명칭을 사용하고 여경과 여자운전자 사이는 Madam [매덤] (부인) 또는 이것의 줄임인 Ma'am [맴]을 사용.

run through는 무엇을 통과하여 달린다는 뜻인데 교통에서는 신호를 무시하고 달리는 것을 뜻합니다. 정지신호는 stop sign, 빨간 불은 red light [뤠드 라잇]. *run through [뤈 쓰루] 무시하고 통과하다

Sir, you ran through the red light. 선생님은 빨간 불을 무시하고 달렸습니다.
[유 랜 쓰루 더 뤠드 라잇]

Didn't you see the red light? 빨간불을 보지 못하셨나요?
[디든 츄 씨 더 뤠드 라잇]

I thought I could make a right turn on red.
[아이 쏫 아이 쿳 메이커 롸잇 턴 온 뤳] 적신호시 우회전되는 줄 알았어요.

No, sir. The sign says "No Turn on Red."
[노우 써 더 싸인 쎄즈 노우 턴 온 뤳]
안됩니다. 적신호시 우회전 불가라고 표지판에 쓰여 있잖아요.

Oh, I guess I didn't see it. 아, 제가 못 본 것 같습니다.
[오우 아이 게스 아이 디든 씨 잇]

May I see your driver's license? 운전면허증을 보여주세요.
[메이 아이 씨 유어 드라이버즈 라이선스]

He had a car accident. 그가 자동차 사고를 당했어.
[히 해더 카 액시던]

He was taken to the hospital. 그는 병원으로 실려 갔다.
[히 워스 테이큰 투 더 하스피틀]

He wasn't hurt badly. 그는 많이 다치진 않았다.
[히 워슨 허엇 배들리]

But he was shaken up. 하지만 그는 충격을 받았다.
[벗 히 워스 쉐이큰 업]

Oh, my goodness, the traffic is crawling.
[오우 마이 굿니쓰 더 트뤠픽 이즈 크롤링] 아이구야, 차들이 기어가네.

I think there's an accident ahead. 앞에서 사고가 난 것 같아.
[아이 씽 데어즈 앤 액시던 어헷]

guess [게스] 짐작하다
crawl [크로올] 천천히 가다
badly [배들리] 심하게
shake up [쉐이크 업] 동요(섬뜩)하게 하다
goodness [굿니쓰] 야단났군!
hospital [하스피틀] 병원

알아보기

어디서나 교통위반은 금물. Right Turn On Red(적신호 시 우회전허용)와 반대로 No Turn On Red라는 표시로 우회전을 금지하기도 함. The sign says "No Turn On Red."와 같이 인용구(" ")가 쓰이면 직접화법, 그렇지 않으면 간접화법. 화법은 쉬운 문법정리하기에서 배우세!

위반하면 면허증과 보험가입증서 제시 후, 위반딱지를 받고 fine(벌금)도 물어야 합니다. driver's license는 간단히 license라고만 해도 됩니다.

May I see your license and insurance policy?
[메이 아이 씨 유어 라이선스 앤 인슈어런스 팔러시] 면허증과 보험증서를 볼까요?

I have to give you a ticket. 위반딱지를 발급해야 합니다.
[아이 햅투 기브 유 어 티킷]

You can appeal to the court within 14 days.
[유 캔 어필 투더 코옷 위딘 포오티인 데이즈] 14일내 이의 신청할 수 있습니다.

*appeal to the court 법원에 이의 신청하다(항소하다)

badly는 나쁘게 외에 몹시 라는 뜻도 있음. I want it badly. 그걸 몹시 갖고 싶다. shake up은 세게 흔들다, 정신을 뒤흔들어놓다 등의 뜻입니다.

traffic jam(교통체증) 때는 차들이 기어간다고 하죠? 영어로도 crawling이라 합니다. Oh, my goodness는 감탄사. 다음 유사한 표현들도 알아둡시다.

The traffic is so slow. 차들이 무척 느리게 움직이는군요.
[더 트래픽 이즈 쏘 슬로우]

The traffic isn't moving at all. 차들이 전혀 움직이질 않군요.
[더 트래픽 이즌 무빙 앳 올]

The traffic is at a standstill. 차들이 정지 상태에 있습니다.
[더 트래픽 이즈 애러 스탠스틸] *at a standstill 정지상태에 있는

◎ start 스타앗, battery 배더리, red 뤳, says 쎄즈 등 단어 발음 주의.

◎ wouldn't 우든, didn't 디든, wasn't 워슨, isn't 이즌, accident 액시던 등 t 탈음.

◎ Didn't you 디든 츄, make a 메이커, had a 해더, at a 애러 등 연결변음 현상 주의.

◎ **R & L, F & P, V & B 익히기 코너**

R	ran, red, wrong
L	license, crawling, slow
F	fine, safely, traffic, officer
P	policy, open, appeal
V	drive, moving, give
B	battery, broke, badly

1. 서수 배우기

1) 서수는 아래 표를 하루에 한번 1개월 읽으면 완전히 외워집니다.

2) 30~90까지 서수를 만드는 방법은 20~29 서수와 동일합니다.

(예: 31st = thirty-first, 34th= thirty-fourth, 52nd = fifty-second, 96th = ninety-sixth 등)

1st = first [퍼어스트]	2nd = second [쎄컨드]	3rd = third [써어드]
4th = fourth [포오쓰]	5th = fifth [핍쓰]	6th = sixth [씩스쓰]
7th = seventh [쎄븐쓰]	8th = eighth [에잇쓰]	9th = ninth [나인쓰]
10th = tenth [텐쓰]	11th = eleventh [일레븐쓰]	12th = twelfth [텔브쓰]
13th = thirteenth [써티인쓰]	14th~19th = 기수 + th [발음: ~쓰]	20th = twentieth [트웬티이쓰]
21st = twenty-first	22nd = twenty-second	23rd = twenty-third
24th~29th = twenty + 서수	30th = thirtieth [써어리이쓰]	40th = fortieth [포오리이쓰]
50th = fiftieth [피프디이쓰]	60th = sixtieth [씩쓰디이쓰]	70th = seventieth [쎄븐디이쓰]
80th = eightieth [에이디이쓰]	90th = ninetieth [나인디이쓰]	100th = one hundredth [원 헌드럿쓰]
1,000th = one thousandth 천 번째 [원 싸우전쓰]	1,000,000 = one millionth 백만 번째 [원 밀리언쓰]	*0번째 = zeroth (0순위) [지로우쓰]

2. 화법: 직접화법과 간접화법이 있음.

직접화법: 인용부호(" ")를 사용해 누가의 말 등을 직접 인용함.

He said, "I like Seoul." 그는 "난 서울을 좋아합니다."라고 말했다.

간접화법: 인용부호를 사용하지 않고 누구의 말 등을 옮김.

He said that he liked Seoul. 그는 서울을 좋아한다고 말했다.

화법에는 다른 규칙들이 많지만 영문법에서 화법은 기본개념을 이해하고 영어문장들을 많이 만나다보면 자연히 터득할 수 있게 되어 있는 특징이 있는 부분입니다.

그림으로 배우는 단어

1. **bill** [빌] 계산서
2. **menu** [메뉴] 메뉴
3. **table** [테이블] 테이블
4. **waiter** [웨이들] 웨이터
5. **bowl** [보울] 사발, 공기
6. **dish** [디쉬] 접시
7. **fork** [포오크] 포크
8. **knife** [나이프] 칼
9. **pepper** [페퍼] 후추
10. **salt** [쏘올트] 소금

11 **napkin** [냅낀] 냅킨

12 **spoon** [스푸운] 숟가락

13 **tablecloth**

[테이블클로쓰] 식탁보

14 **wine glass**

[와인 글래스] 포도주잔

1. 다음 물음에 대한 답을 적어보세요.

❶ "10번째" 뜻의 영어단어는?

❷ "twelfth"의 우리말 뜻은? (답의 예: 15번째)

❸ "stop sign"의 우리말 뜻은? (답의 예: 빨간 불)

2. 빈칸에 들어갈 적당한 단어를 골라 번호를 적으세요.

❶ The battery was ______ again.	① dead	② wrong	③ broke
❷ Did I do anything ______ ?	① turn	② run	③ wrong
❸ Drive ______ .	① safely	② accident	③ hospital

3. 빈칸에 들어갈 적당한 단어를 오른쪽에서 골라 번호를 적으시오.

❶ He was ______ up.	① ticket
❷ There's an accident ______ .	② red
❸ I have to give you a ______ .	③ shaken
❹ Didn't you see the ______ light?	④ crawling
❺ The traffic is ______ .	⑤ ahead

정답

1. ❶ tenth ❷ 12번째 ❸ 정지신호
2. ❶ ① ❷ ③ ❸ ①
3. ❶ ③ ❷ ⑤ ❸ ① ❹ ② ❺ ④

재미있는 공부 에피소드

Florence Nightingale

남을 위한 봉사에 평생을 바친 플로렌스 나이팅게일 (Florence Nightingale)

그녀는 부유한 가정에서 태어났지만 간호사가 돼 남을 돕고 싶었습니다. 하지만 부모가 반대했습니다. 당시 간호사는 좋은 직업이 아니었습니다. 따라서 사회적 편견과 부모의 반대에 부딪쳤습니다. 결혼도 포기하고 간호사가 된 그녀는 남에게 봉사하라는 하나님의 계시를 받았다고 합니다. 그녀는 1853년 크리미아 전쟁으로 영국 군인들이 죽어가고 있는 전쟁터에 뛰어들어 수많은 사상자들을 도왔습니다. 그녀의 영웅적 봉사는 세상에 널리 알려져 빅토리아 여왕 훈장을 비롯한 수많은 영예를 받았습니다. 다음은 그녀의 명언들 중 하나입니다.

The very first requirement in a hospital is that it should do the sick no harm.

병원에게 가장 먼저 요구되는 것은
환자에게 해가 되는 일을 하지 않아야 한다는 것이다.

다음과 미리보기

Just some water, please.

Anything to drink?

18 Are you ready to order?

주문하시겠어요?

시작해보기

Good evening sir, welcome to our restaurant. 안녕하세요. 어서 오십시오.
[굿 이브닝 써 웰컴 투 아워 뤠스토랑]

A table for two please. 2인용 테이블 부탁합니다.
[어 테이블 포 투 플리즈]

Are you ready to order? 주문하시겠습니까?
[아 유 뤠디 투 오더]

What's your specialty? 무슨 음식을 잘 하시죠?
[왓츠 유어 스페셜티]

단어 주워 담기

welcome [웰컴] 환영하다
order [오더] 주문하다
ready [뤠디] 준비가 된
specialty [스페셜티] 특기, 전공

알아보기

웨이터가 손님에게 하는 인사는 Welcome to Paul's Fish Kitchen, sir (ma'am). [웰컴 투 폴스 피쉬 키친 써(맴)] (폴스 피쉬 키친에 어서 오십시오.)나 May I help you? 등. 다음 표현도 흔히 듣게 됩니다.

Do you have a reservation? 예약하셨나요?
[두유 해버 뤠저베이션]

Please be seated. 앉으십시오.
[플리즈 비 씨디드]

I'm just bringing a glass of water for you. 물을 한잔 가져오겠습니다.
[아임 저스 브링잉 어 글래스 옵 워러 포 유]

주문하겠는 지는 May I take your order? 또는 What would you like to have, sir (madam)? 등으로 묻기도 합니다. 메뉴나 잠시 음식을 고를 시간을 요청하기도 합니다.

Could I (Can, May I) see the menu, please? 메뉴 좀 볼까요?
[쿠다이 (캔, 메이 아이) 씨 더 메뉴 플리즈]

Could I have a few minutes, please? 잠시만 시간을 주시겠어요?
[쿠다이 해버 퓨 미니츠 플리즈]

specialty는 음식점에서 특히 잘하는 음식. 원래 특기, 전공 등의 뜻으로 음식점이 마련하는 오늘의 특별 메뉴나 오늘의 메뉴 또는 추천할만한 음식을 묻기도 합니다.

What's today's special? 오늘의 특별 식단은 뭐죠?
[왓츠 투데이즈 스페셜]

What's on your menu today? 오늘 식단은 뭐죠?
[왓츠 온 유어 메뉴 투데이]

What would you recommend? 추천할만한 음식은 뭔가요?
[왓 우쥬 레커멘드] *recommend 추천하다, 권하다

How would you like your steak?
[하우 우쥬 라익 유어 스테익] 스테이크를 어떻게 요리해 드릴까요?

Medium rare, please. 중간보다 덜 익혀 주세요.
[미디엄 뤠어 플리즈]

You have a choice of baked or mashed potatoes.
[유 해버 초이스 옵 베익트 오어 매쉬트 퍼테이토우즈] 굽거나 으깬 감자가 있습니다.

I'll have the mashed. 으깬 감자로 하죠.
[아일 해브 더 메쉬트]

Would you care for something to drink? 음료를 드시겠습니까?
[우쥬 케어 포 썸씽 투 드링]

Yes, I'll have an iced tea. 네, 냉차를 주세요.
[예스 아일 해밴 아이스트 티]

Could I get another roll, please? 빵을 하나 더 먹어도 될까요?
[쿠다이 겟 어나더 뤄울 플리즈]

Certainly, I will bring it right away. 네, 곧 가져오겠습니다.
[써든리 아일 브링 잇 롸이더웨이]

This isn't what I ordered. 이건 내가 주문 한 게 아닌데요.
[디스 이즌 왓 아이 오더드]

I'm so sorry sir. 죄송합니다, 선생님.
[아임 쏘리 써]

Can I get the check, please? 계산서 주시겠어요?
[캔 아이 겟 더 첵 플리즈?]

kitchen [키친] 부엌, 조리장
medium [미디엄] 중간
reservation [뤠저베이션] 예약
rare [레어] 설익은, 드문

A라는 음식을 어떻게 해서 드시겠습니까?라고 묻는 가장 일반적 표현은 How would you like your A? 계란요리는 poached [포우취트] (수란), sunny-side up [써니싸이드 업] (한 쪽만 프라이), over easy [오버 이지] (프라이 반숙) 등. 우리가 흔히 먹는 양쪽으로 '잘 익힌' 프라이는 fried hard라고 합니다.

How would you like your eggs? 계란을 어떻게 요리해 드릴까요?
[하우 우쥬 라익 유어 에그]

Scrambled(Soft-boiled, Hard-boiled), please.
[스크램블(쏩트보일드, 하드보일드) 플리즈] 휘저어 익혀(반숙, 완숙해) 주세요.

steak는 익힌 정도(degrees of cooking)에 따라 다음과 같이 나눕니다. 드물지만 우리의 육회처럼 아예 raw (날 것)로 먹는 육식주의자도 있습니다.

well-done	medium well	medium	medium rare	rare	very rare(blue)
잘 익은	중간이상	중간	중간이하	설익은	아주 설익은

A 또는 B 중에서 선택할 수 있다고 할 때는 You have a choice of A or B. Certainly는 물론입니다, 그럼요의 뜻으로 Sure와 같은 말입니다.

웨이터가 실수하여 주문을 잘못한 경우 웨이터는 변명도 하게 됩니다.

I wanted tea and you gave me coffee. 차를 주문했는데 커피가 나왔어요.
[아이 원티드 티 앤 유 게이브 미 커피]

Sorry. It's my first day and I'm confused.
[쏘리. 잇츠 마이 퍼스트 데이 앤 아임 컨퓨즈드] 죄송합니다. 일 시작 첫날이라 혼동했습니다.

*confused 혼동한, 당황한

bake [베이크] 굽다
mash [매쉬] 으깨다
roll [뤄울] 롤빵
order [오더] 주문하다
right away [롸잇 어웨이] 곧바로, 당장

◎ seated 씨디드, water 워러, steak 스테익, minutes 미니츠, certainly 써든리 등 단어 발음 주의.

◎ restaurant 뤠스토랑, drink 드링, isn't 이즌, scrambled 등에서 t, k, d 탈음.

◎ What's 왓츠, have a 해버 등 발음 주의.

◎ right away 롸이더웨이 연결변음현상 주의.

◎ wanted 원티드, baked 베익트, mashed 매쉬트, iced 아이스트 등 ~ed로 끝나는 단어들 발음 3가지 → id, t, d (이드, 트, 드).

* hope와 laugh의 프는 P & F 발음원칙에 따라 발음 다름 주의.

단어 끝 발음	동사원형의 예	동사원형 + ed	~ed의 발음
트	want (원하다)	wanted	이드
드	end (끝내다)	ended	
프(p)*	hope (바라다)	hoped	트
프(f)*	laugh (웃다)	laughed	
스	dress (옷을 입다)	dressed	
스	ice (얼리다)	iced	
쉬	mash (으깨다)	mashed	
취	watch (보다)	watched	
크	bake (굽다)	baked	
기타 모든 동사 끝 발음	play (놀다)	played	드
	allow (허락하다)	allowed	
	beg (빌다)	begged	

1. 목적어 배우기

목적어란 영어로 object [아브직트]인데 대상, 목적, 물체 등의 뜻. object를 목적어로 번역한 것은 과거 일본문법의 영향 때문으로 보이며 동사의 대상이 되기 때문에 대상어가 더 정확합니다.

I love Korea. 난 한국을 사랑한다. → love의 대상어(목적어)는 Korea.

2. 자동사와 타동사 배우기

문장에서 목적어가 필요 없는 동사는 자동사, 필요한 동사는 타동사.

He walks. 그는 걷는다. → walk는 목적어(대상어)가 필요 없는 자동사.

I know him(it). 나는 그를(그걸) 알고 있다. → know는 목적어가 필요한 타동사.

3. 주어, 보어, 완전자동사, 불완전자동사 배우기

행위(동사)의 주체가 주어다. 주어를 보충해 주는 말이 보어. 보어(보충어)가 없어도 문장의 뜻이 통하는 동사는 완전자동사. 보어가 있어야 뜻이 통하는 동사는 불완전자동사. 어떤 동사는 완전자동사와 불완전자동사 2가지로 쓰임.

I laughed. 나는 웃었다. → I는 주어(웃는 행위의 주체), laughed는 완전자동사. 왜? 〈나는 웃었다.〉는 보어 없이도 완벽히 말이 됨.
I became a doctor. 나는 의사가 됐다. → I는 주어(의사가 된 행위의 주체), became은 불완전자동사. 왜? 의사(doctor)가 됐다(became)는 보어가 필요하기 때문.

He died. 그는 죽었다. → He는 주어(죽은 행위의 주체), died는 완전자동사.

He died rich. 그는 부자로 죽었다. → He는 주어, died는 불완전자동사. 왜? 〈부자로 죽었다.〉에서 부자로(rich)라는 보어를 붙여도 말이 되므로. 따라서 die는 완전자동사와 불완전자동사 2가지로 쓰이는 동사.

그런데 타동사에도 완전타동사와 불완전타동사가 있고 수여동사라는 것도 있다? 배우세!

1. **single room** [씽글 룸] 1인실
2. **double room** [더블 룸] 2인용 침대 1개의 방
3. **twin room** [트윈 룸] 1인용 침대 2개의 방
4. **suite room** [스위트 룸] 침실, 거실, 응접실로 된 큰 방
5. **room rate** [룸 뤠잇] 방 요금
6. **wake-up call** [웨이컵 콜] 잠 깨우는 전화
7. **front desk** [프런트 데스크] 호텔 접수대
8. **porter** [포오터] 짐 운반하는 사람

9 **local call** [로우컬 콜] 시내전화

10 **fire exit** [파이어 엑씨트] 비상구

11 **hair-dryer**
[헤어 드라이어] 머리 건조기

12 **bath towel**
[배스 타월] 목욕용 수건

13 **blanket** [블랭킷] 담요

잘 배웠나 알아보기

1. 빈칸에 들어갈 가장 적당한 단어를 고르시오.

❶ How would you ______ your eggs?
① like ② boiled ③ over easy

❷ This ______ what I ordered.
① did ② isn't ③ sorry

❸ Would you ______ something to drink?
① do ② care for ③ eat

❹ What's today's ______?
① check ② special ③ medium

2. 다음 물음에 대한 답을 빈칸에 적어보세요.

❶ 단어 choice의 우리말 뜻은?

❷ "환영하다" 뜻의 영어단어는?

❸ Medium, please.에서 Medium의 뜻은?

❹ 목적어가 필요한 동사는 자동사인가 타동사인가?

3. 가장 알맞은 것을 골라 보세요.

❶ 단어 Certainly와 뜻이 유사한 것은? ① Sure ② No ③ Thanks

❷ 단어 hoped의 발음으로 맞는 것은? ① 호웁드 ② 호웁트 ③ 호피드

❸ 문장 I love Korea.에서 목적어는? ① I ② love ③ Korea

정답

1. ❶ ① ❷ ② ❸ ② ❹ ②
2. ❶ 선택 ❷ welcome ❸ 중간 ❹ 타동사
3. ❶ ① ❷ ② ❸ ③

재미있는 공부 에피소드

가난과 실패를 극복하고 유명 소설가가 된 루이자 메이 올컷 (Louisa May Alcott)

Louisa May Alcott

★ "작은 아씨들(Little Women)"을 쓴 미국소설가 올컷은 어린 시절 완벽주의자 아버지로부터 엄격한 교육을 받았습니다. 하지만 너무 가난해 매사추세츠 주 콩코드의 작은 오두막에서 살았습니다. 재봉사와 가정교사 등으로 가족생계를 도왔으며 집에서는 그녀가 남의 집 하녀로 일하길 바랬습니다. 그러나 그녀는 틈틈이 공부하며 특히 좋아했던 글 쓰는 일에 열심이었습니다. 간호사로 남북전쟁에 나가 일한 경험을 토대로 쓴 "병원 스케치(Hospital Sketches)"는 마침내 세상의 주목을 받았고, 1868년 "작은 아씨들"을 발표해 유명해졌습니다. 다음은 그녀의 명언들 중 하나입니다.

Conceit spoils the finest genius.

제아무리 천재라도 자만하면 무너진다.

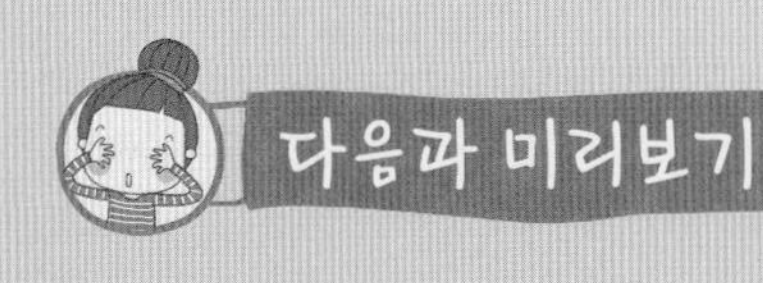

다음과 미리보기

Can you give me a wake-up call?

전화로 깨워주시겠어요?

시작해보기

Plaza Hotel. Can I help you?

[플라저 호텔 캔 아이 헬프 유] 플라자 호텔입니다. 무엇을 도와드릴까요?

I'd like to reserve a room. 방을 예약하려고 합니다.

[아드 라익 투 리저어브 어 룸]

What kind of room would you like?

[왓 카인덥 룸 우쥬 라익] 무슨 종류의 방을 원하세요?

I'd like a single room, please.

[아이드 라이커 씽글 룸 플리즈] 싱글 룸 하나가 필요합니다.

단어 주워 담기

expensive [익스펜시브] 비싼

plaza [플라저] 광장

reserve [리저어브] 예약하다

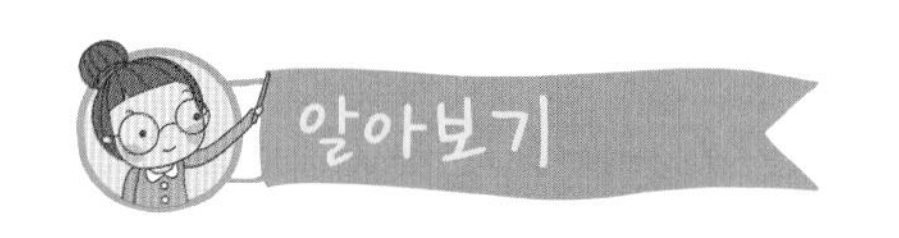

방 예약을 위해 호텔에 전화하면 근무자가 호텔이름과 자기이름을 말하고 무슨 도움이 필요한지 등 인사말을 합니다.

Grand Hotel. Julie speaking. 그랜드호텔. 저는 줄리입니다.
[그랜드 호텔 줄리 스피킹]

How may I help you? 무엇을 도와드릴까요?
[하우 메이 아이 헬프 유]

방 예약은 reserve(book) a room. reserve = book 예약하다

I want to book a room for two days. 이틀 묵을 방을 예약하고 싶습니다.
[아이 원투 북커 룸 포 투 데이즈]

호텔 직원은 컴퓨터로 방의 예약 상황을 살피게 되는데 손님이 묵을 날짜와 필요한 방의 형태를 묻습니다.

Certainly. When is it for? 알겠습니다. 언제 묵으실 예정이시죠?
[써든리 웬 이즈 잇 포]

It's for two nights, 15th and 16th of this month.
[잇츠 포 투 나잇츠 핍티인쓰 앤 씩스티인쓰 옵 디스 먼쓰] 이틀 밤입니다. 이달 15, 16일.

앞서 예습한 single, double 등 원하는 방의 형태(kind, type)를 물으면 A single room, please. 등으로 간단히 답해도 무방합니다. would you like = do you want.

What type (kind) of room do you want? 무슨 방을 원하시죠?
[왓 타입폽 (카인돕) 룸 두 유 원?]

A double (suite) room, please. 더블 룸 (스위트 룸) 하나가 필요합니다.
[어 더블 (스위트) 룸 플리즈]

May I have your name, sir? 선생님 성함을 말씀해 주시겠어요?
[메이 아이 해브 유어 네임 써]

Ok. I need you to fill in this form please.
[오우케이 아이 니쥬 투 필린 디스 폼 플리즈] 좋습니다. 이 양식을 적어주세요.

Do you want breakfast? 아침식사를 원하세요?
[두 유 원 브렉퍼스트]

Yes, please. [예스 플리즈] 네.

Breakfast is from 7 to 10 every morning.
[브렉퍼스트 이즈 프롬 쎄븐 투 텐 에브리 모오닝]
조반은 매일 아침 7시에서 10시입니다.

Here is your key. 키를 받으세요.
[히어리즈 유어 키]

Your room number is 539. 선생님 방은 539호실입니다.
[유어 룸 넘버 이즈 파이브 쓰리 나인]

Enjoy your stay, please. 즐거운 시간 보내십시오.
[엔조이 유어 스테이 플리즈]

Where is the dinning room? 식당은 어디에 있죠?
[웨어 이즈 더 다이닝 룸]

It's on the second floor. 2층에 있습니다.
[잇츠 온 더 쎄컨 플로어]

I want to check out now. 지금 호텔에서 나가려고 합니다.
[아이 원 투 첵카웃 나우]

fill in [필인] 적어 넣다
form [폼] 양식
breakfast [브렉퍼스트] 아침식사
number [넘버] 번호
enjoy [엔조이] 즐기다
dinning room [다이닝 룸] 식당

알아보기

- 호텔에 도착하면 직원과 대화하게 되는데 접수직원은 receptionist [뤼셉션니스트]. 직원이 Your name is?라고 물으면 Kim Jisu. 또는 My last name is Kim.(성이 김입니다.)이라고 주로 last name을 말하는데 직원이 예약을 확인합니다.

- 일부 호텔에서는 투숙자의 이메일주소나 국적 등 간단한 인적사항을 요구하기도 하는데 일정한 양식에 써넣는 것을 fill in 또는 fill out이라고 합니다. 하지만 대개는 다음처럼 credit card 소지에 대해서만 묻습니다. Do you have a credit card?

- 아침식사를 안내하기 위해 식사할지 여부를 묻기도 합니다. 답은 Yes, please. 필요 없으면 No, thank you. Yes일 경우 식사시간, 식당 위치 등을 알려줍니다.

- 직원이 방 번호 등을 말해주며 키를 건네주는데 식사정보나 다른 서비스 등에 대해 다음처럼 대화하게 됩니다.

  Can you tell me about a nice restaurant to go to?
  [캔유 텔미 어바우러 나이스 뤠스토랑 투 고우 투] 갈만한 좋은 식당을 소개해 주시겠어요?

  What is your budget for the meal? 식사비로 얼마나 쓰실 건가요?
  [왓 이즈 유어 버짓 포 더 밀]

  *budget 예산, 경비

  I need a wake-up call for tomorrow morning.
  [아이 니더 웨이컵 콜 포 터모로우 모오닝] 내일 아침 기상 전화를 원합니다.

  What time do you want the call? 몇 시에 깨워드릴까요?
  [왓 타임 두유 원 더 콜]

- 공항에서 짐을 붙이는 것도 check in, 호텔에 투숙할 때도 check in, 나갈 때는 check out.

◎ kind of 카인덥, like a 라이커, book a 북커, type of 타입폽, about a 어바우러, need a 니더 등 연결변음현상 주의

◎ want 원, second 쎄컨 등에서 t, d 탈음

◎ **명사 복수형의 발음**

명사의 끝 글자 또는 발음	소리 구분	복수	우리말 발음	복수명사의 예	우리말 단어 발음
f(gh), k, p, t, th	무성	~s	스	staffs, laughs, books, cups,	스탭스, 랩스, 북스, 컵스,
b, d, g, l, m, n, ng, r, ve + 모음발음	유성	~s, es	즈	nights, months clubs, beds, legs, calls, rooms, pens, songs, cars, knives, ideas, heroes, toes, toys, babies, bows, peas	나잇스, 먼스, 클럽즈, 벳즈, 렉즈, 콜즈, 룸즈, 펜즈, 쏭즈, 카즈, 나이브즈, 아이디어즈, 히로우즈, 토우즈, 토이즈, 베이비즈, 바우즈, 피즈
s, ch, sh, x, z	특수	~es	이즈	buses, beaches, dishes, boxes, buzzes	버시즈, 비취즈, 디쉬즈, 박시즈, 버지즈

1) 발음할 때 목에 진동을 느낄 수 있는 소리를 유성이라고 하고 느낄 수 없는 소리를 무성이라고 함. 특수는 단어의 끝 es가 모음과 자음 2가지로 (이즈로 발음) 특이하기 때문임.
2) month, bath(목욕) 등의 경우 복수 months, baths의 끝 ~ths의 발음은 "스"가 2번이지만 "쓰" 발음과 유사함.
3) 어려워요? No! 위 표를 30번만 소리 내 읽으면 완전히 정복됩니다!

쉬운 문법 정리하기

1. 문장의 5형식 배우기

1) 문장에는 아래처럼 5가지 형식이 있습니다. 그런데 자세히 보니 1,2,3 형식은 형식이라는 용어만 쓰지 않았을 뿐 이미 배운 것이군요. 그럼 제4형식과 5형식을 배웁시다. 앞서 타동사에는 불완전타동사가 있고 수여동사도 있다고 했습니다.

형식	요소	예문
1	주어 + 완전자동사	I laughed.
2	주어 + 불완전자동사+보어	I became a doctor.
3	주어 + 완전타동사+목적어	I love Korea.
4	주어 + 수여동사 + 간접목적어 + 직접목적어	I gave him a book. 그에게 책을 주었다.
5	주어 + 불완전타동사 + 목적어 + 목적보어	I found him drunk. 그가 술 취한 것을 알았다.

2) 제4형식은?

책을 주었다는 수여(제공)했다와 같으므로 수여동사라고 합니다. 책은 수여(제공)라는 행위의 직접대상(목적)이고 그걸 받은 그이는 간접대상(목적)이라 직접목적어, 간접목적어로 구분합니다.

3) 제5형식은?

제2형식에는 보어가 필요한 불완전자동사가 사용됩니다. 마찬가지로 목적어를 보충 설명하는 목적보어가 필요한 동사를 불완전타동사라고 합니다. I found him.(난 발견했다.)이라고만 해도 발견했다는 뜻은 됩니다. 그런데 발견 당시 그가 어떤 상태였는지를 말하려면 him(목적어)을 보충 설명해주는 drunk, beaten(얻어맞은) 등의 목적보어가 필요합니다. 따라서 동사 find는 완전타동사와 불완전타동사, 2가지로 사용되는 것도 알았습니다. 이런 동사는 많습니다. 이것으로 문장의 5형식 공부 끝! 어려워요? 위 표를 30번 읽으세요.

그림으로 배우는 단어

Human Relationship (인간관계)

놀람

surprise
[써프라이즈]

친구

buddy
[버디]

어린 시절

childhood
[차일드후드]

관계

relationship
[릴레이션쉽]

경력, 출세

career
[커리어]

결혼, 결혼생활

marriage
[매리지]

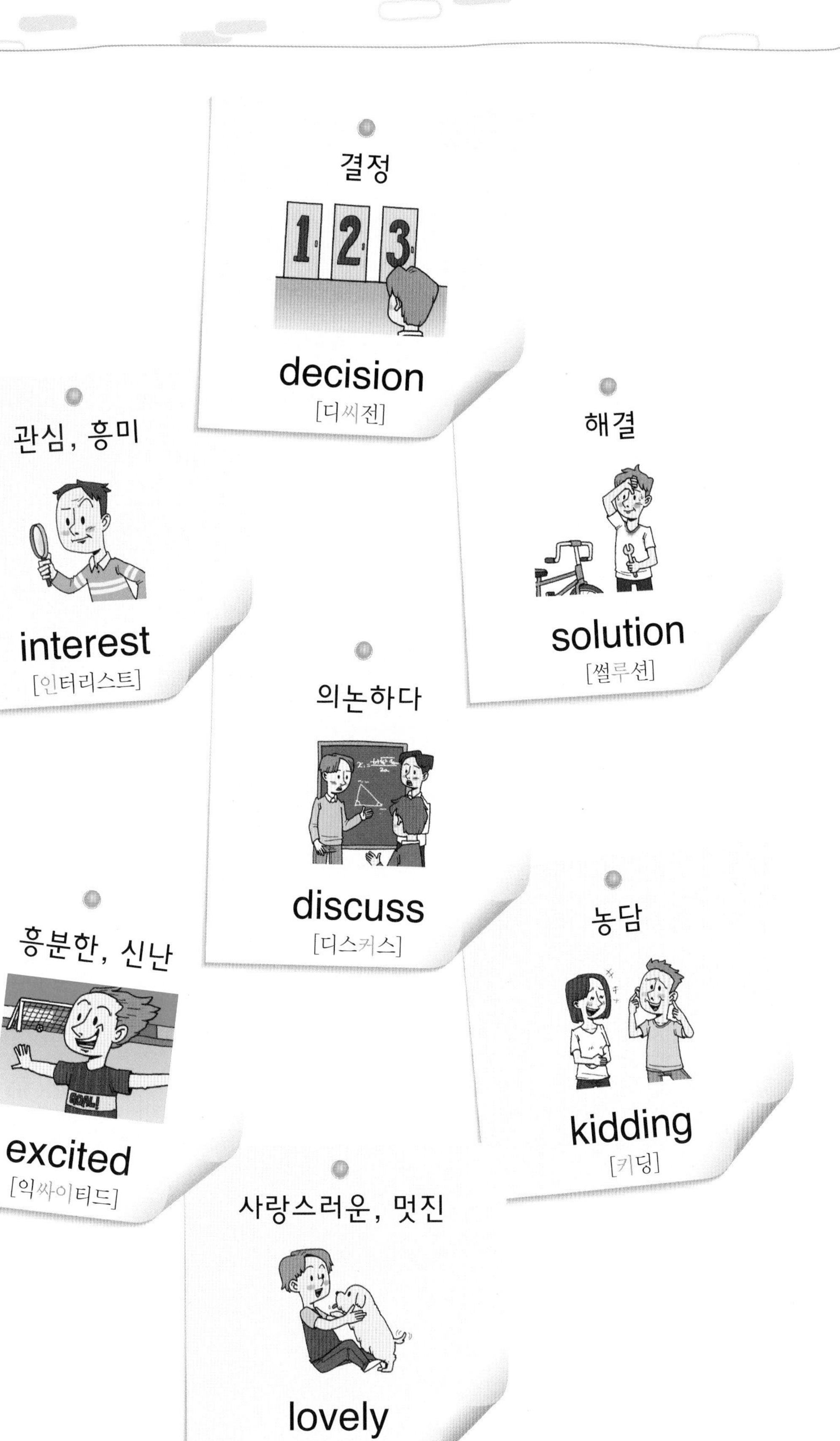
결정
decision
[디씨전]
관심, 흥미
interest
[인터리스트]
해결
solution
[썰루션]
의논하다
discuss
[디스커스]
흥분한, 신난
excited
[익싸이티드]
농담
kidding
[키딩]
사랑스러운, 멋진
lovely
[러블리]

잘 배웠나 알아보기

1. 물음에 맞는 것을 고르시오.

❶ reserve와 같은 의미의 단어는? ① book ② stay ③ hotel

❷ kind와 뜻이 유사한 단어는? ① want ② type ③ room

❸ single room의 뜻은? ① 3인실 ② 2인실 ③ 1인실

❹ 인적사항 등을 기재하는 서류양식은? ① form ② number ③ fill

2. 빈칸에 들어갈 적당한 단어를 골라 번호를 적으세요.

❶ May I have your ______, sir? ① can ② name ③ need

❷ Do you want ______? ① go ② come ③ breakfast

❸ Where is the ______ room? ① every ② dinning ③ cafe

❹ I want to check ______. ① double ② from ③ out

3. 다음 왼쪽 물음에 대한 답을 오른쪽에서 찾아 번호로 연결하세요.

❶ 호텔에 들어갈 때 하는 수속은? ① 목적보어

❷ 문장의 제2형식에서 필요한 요소는? ② credit card

❸ "신용카드"에 해당하는 영어 단어는? ③ check in

❹ 문장의 제5형식에서 필요한 요소는? ④ 불완전자동사

정답

1. ❶ ① ❷ ② ❸ ③ ❹ ①
2. ❶ ② ❷ ③ ❸ ② ❹ ③
3. ❶ ③ ❷ ④ ❸ ② ❹ ①

재미있는 공부 에피소드

Photo by MTV Live

지긋지긋한 왕따를 이겨내고 헐리웃 최고스타가 된 톰 크루즈 (Tom Cruise)

극빈가정에서 태어나 소년시절 아버지의 심한 구타와 동료들의 왕따로 엄청난 고통을 겪었습니다. 신학대학을 다니며 가톨릭 신부가 되려했고 정신요법이 교리인 신흥종교 사이언톨로지의 신자가 된 것도 이 때문이었습니다. 7세 때 난독증에 걸려 특별교정을 받아야 했던 그는 동료들이 너무 괴롭혀 12년 간 15번이나 학교를 옮겼습니다. 그는 회고합니다. "녀석들을 보면 가슴이 뛰고 땀이 솟으며 토할 것 같았다. 난 힘도 세지 않았고 폭력도 싫었지만 그 놈들을 패주지 않으면 고통을 피할 길이 없어 죽어라 싸우는 걸 원칙으로 삼았다." 다음은 아카데미 주연상 후보 2회, 골든 글로브 상 3회 수상에 빛나는 그의 명언들 중 하나입니다.

I love kids. I was a kid myself, once.

난 아이들을 사랑한다. 나 자신도 한 때는 아이였다.

다음과 미리보기

What a pleasant surprise!

뜻밖에 뵈니 정말 반갑군요?

Now I'm in seventh heaven. 지금 난 최고로 행복하다.
[나우 아임 인 쎄븐쓰 헤븐]

You look very excited. What happened?
[유 룩 베리 익싸이팃 왓 해픈] 아주 신난 것 같은데. 무슨 일이야?

I think I've fallen in love. 난 사랑에 빠진 것 같아.
[아이 씽크 아이브 포올른 인 러브]

Who's the lucky girl? 그 행운의 여자는 누구야?
[후즈 더 럭키 걸]

Nari. I'm going to marry her soon.
[나리 아임 고잉 투 매리 허 쑨] 나리야. 나는 그녀와 곧 결혼할 예정이야.

What? 뭐라고?
[왓]

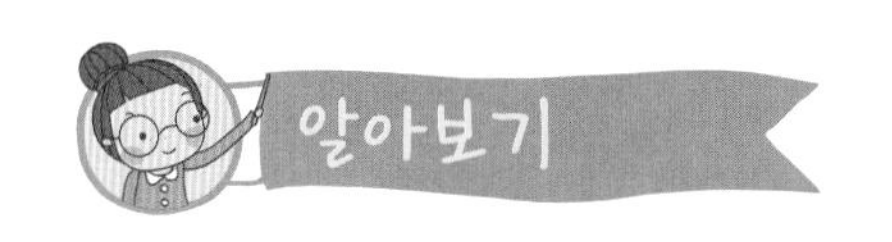

이제 많이 공부했으니 멋진 표현도 배워봅시다. I'm in (at) seventh heaven.은 난 최고로 기쁘다는 뜻입니다. 유대교에서 유래했지만 일상적으로 널리 통용되는 표현입니다.

excited는 흥분한, 들뜬, 신난 등의 뜻인데 excite [익싸잇] 흥분시키다의 과거형. Don't get excited!는 (들뜨지 말고) 침착해라!

난 사랑에 빠졌다.를 I'm (I've fallen) in love.라고 해요. I am (= I'm) in love.와 be 동사 대신 fall과 현재완료형을 사용한 I've fallen in love.는 같은 말입니다.

I think (feel) I'm falling in love.라고 진행형을 쓰면 난 지금 사랑에 빠져들고 있는 것 같아.라는 말. 넌 사랑에 빠져들고 있는 것 같아.는 I think you're falling in love.라고 하면 되겠죠.

그녀(그이)와 결혼하다는 marry her(him). 진호가 나리와 결혼했다.는 Jinho married Nari.라고 하면 되겠죠. 다음 표현들도 알아둡시다.

Jinho married young. 진호는 젊어서 결혼했다.
[진호 매리드 영]

The minister married Jinho and Nari. 목사는 진호와 나리의 결혼을 주례했다.
[더 미니스터 매리드 진호 앤 나리] *minister [미니스터] 목사

What?은 뭐?라고 되묻는 말인데 What did you say?와 같은 말입니다.

seventh heaven [쎄븐쓰 헤븐] 제7천국, 최고의 행복
fall in love [폴 인 러브] 사랑에 빠지다
lucky [럭키] 행운의
marry [매리] ~와 결혼하다

What a pleasant surprise! How are you, man?
[와러 플레즌 써프라이즈 하우 아 유 맨] 뜻밖에 만나니 반갑네! 잘 지내나?

I'm very happy to see you after a long time.
[아임 베리 해피 투 씨 유 앱터 러 롱 타임] 오랜만에 만나니 정말 반갑네.

Yes, I haven't seen you for ages.
[예스, 아이 해븐 씬 유 포 레이지즈] 그래, 자넬 못 본지 정말 오래 됐군.

I must say, you've changed a lot, buddy.
[아이 머쓰 쎄이 유브 체인지 더 랏 버디] 정말이지 자네도 많이 변했군, 친구.

When are you planning to get married?
[웬 아 유 플랜닝 투 겟 매리] 자네 언제 결혼할 계획인가?

That work is still under construction.
[댓 웍 이즈 스틸 언더 컨스트럭션] 그 일은 아직 진행 중이지.

What about your marriage? 자네 결혼은 어떤가?
[왓 아바웃 유어 매리지]

I'm not going to punish myself. 자초해서 벌 받고 싶지 않네.
[아임 낫 고잉 투 퍼니쉬 마이셀프]

You must be kidding. 농담하는군!
[유 머쓰 비 키딩]

heaven [헤븐] 하늘, 천국
pleasant [플레즌] 즐거운
age [에이지] 연령, 시대
under construction [언더 컨스트럭션] 건설 중인
punish [퍼니쉬] 벌하다, 혼내주다

알아보기

- What a pleasant surprise!는 앞서 배운 [What + a + 형용사 + 명사] 형태의 감탄문. How are you, man?에서 man은 사람이 아닌 자네, 이봐 등의 호칭 용어입니다.

- 잘 지내냐고 물었으니 반응은 I'm fine and very happy to see you. 등이 되겠고 How are you doing?이라고 되물을 수도 있습니다.

- for ages(직역: 여러 시대 동안)는 for a long time(오래 동안)과 같은 뜻.

- I must say는 I must admit(고백하지 않을 수 없다)과 같은 뜻인데 우리말로 정말이지의 뜻이 되겠습니다. 다음 표현도 배워둡시다.

  *admit [애드밋] 인정하다

  I must say, I don't think much of her dress. 고백하지만 그녀의 복장은 별로야.
  [아이 머쓰 쎄이 아이 돈 씽크 머치 옵 허 드레스]

  *think much of 대단하게 여기다

- marry는 누구와 결혼하다의 뜻입니다. get (am) married는 수동형으로 결혼한 상태를 나타냅니다. I am married to a minister. (난 목사와 결혼했다.)

- punish myself(자신을 벌한다)는 여기서 결혼해서 불행을 사지 않겠다는 농담조의 말입니다.

- 농담이지?의 뜻으로 You must be joking. = Are you kidding?도 사용합니다.

◎ happened 해픈, pleasant 플레즌, must 머쓰, I haven't 해븐 get married 겟 매리 등에서 d, t의 탈음.

◎ after a 앱터 러, for ages 포 레이지즈, changed a lot 체인지 더 랏 등에서 2개 이상의 단어가 연결될 때의 연결변음현상에 주의.

◎ R & L, F & P, V & B 익히기 코너

R	marry, surprise, Nari
L	look, love, lucky
F	fall, fine, food
P	pleasant, planning, punish
V	very, seventh, heaven
B	but, buddy, about

쉬운 문법 정리하기

1. 부정사 배우기

이미 배운 동명사는 [동사 + ing] 형태인데 부정사는 [to + 동사] 형태. 한자어 부정사(不定詞)를 풀이하면 정해져 있지 않는 말. 뭐가 정해지지 않아? 때가 정해져 있지 않습니다. 가령 to buy(사다)는 지금 사고 있는 중(buying)도, 과거에 산(bought) 것도, 장차 살(will buy)것도 아닌, 즉 때가 정해져 있지 않습니다. 동명사와 부정사는 같은 점과 다른 점이 있습니다.

1) 같은 점: 주어와 목적어가 될 수 있다. 따라서 명사로 사용된다.

주어	Smoking is bad. 흡연은 나쁘다.	Smoking = 주어 (명사)
주어	To smoke is bad. 흡연은 나쁘다.	To smoke = 주어 (명사)
목적어	I like walking. 걷기를 좋아한다.	walking = 목적어 (명사)
목적어	I like to walk. 걷기를 좋아한다.	to walk = 목적어 (명사)

2) 다른 점

① 뜻이 달라지는 경우가 있다.

동명사	I stopped smoking.	나는 담배(흡연)를 끊었다.
부정사	I stopped to smoke.	나는 담배를 피우려고 걸음을 멈추었다.

② 부정사는 형용사와 부사로도 사용된다.

I have no food to eat. 먹을 식량이 없다.	to eat → 명사 food를 꾸미는 형용사
We eat to live. 우린 살기 위해 먹는다.	to live → 동사 eat를 꾸미는 부사

③ 부정사는 목적보어로 사용할 수 있고 to 없이도 사용되는데 이것을 to 없는 부정사 또는 원형부정사라고 부른다.

I saw her sing. 그녀가 노래하는 것을 보았다. → sing은 목적보어며 원형부정사

2. 기초영문법의 체계적 종합정리

지금까지 배운 문법은 부록에서 종합하고 보완하여 체계적으로 재정리됩니다. 부록을 몇 번이고 반복해서 읽으면 영문법 기초가 자연히 정복됩니다. 이것이 영문법 정복은 물론 영어의 모든 것을 정복하는 토대이자 비결입니다.

1 **classroom** [클래스룸] 교실

2 **bin** [빈] 쓰레기통

3 **clock** [클락] 시계

4 **map** [맵] 지도

5 **chair** [체어] 의자

6 **paper** [페이퍼] 종이

7 **pencil** [펜슬] 연필

8 **headphone** [헤드포운] 헤드폰

9 **blackboard** [블랙보드] 칠판

10 **computer** [컴퓨터] 컴퓨터

11 **globe** [글로웁] 지구본

12 **dictionary** [딕션네리] 사전

13 **playground**
[플레이그라운드] 운동장

잘 배웠나 알아보기

1. 빈칸에 들어갈 적당한 단어를 골라 번호를 적으세요.

❶ What a ______ surprise! ① pleasant ② long ③ must

❷ I'm very ______ to see you. ① changed ② ages ③ happy

❸ That work is under ______. ① construction ② joking ③ punish

2. 다음 물음에 대한 답을 빈칸에 적어보세요.

❶ lucky의 우리말 뜻은? (답의 예: 슬픈)

❷ smoking의 우리말 뜻은? (답의 예: 음주)

❸ haven't의 우리말 발음은? (답의 예: 디든)

3. 빈칸에 들어갈 적당한 단어를 오른쪽에서 골라 번호를 적으시오.

❶ What did you ______? ① soon

❷ I've fallen in ______. ② love

❸ I'm going to marry Nari ______. ③ excited

❹ You look very ______. ④ say

정답

1. ❶ ① ❷ ③ ❸ ①
2. ❶ 행운의 ❷ 흡연 ❸ 해븐
3. ❶ ④ ❷ ② ❸ ① ❹ ③

쉽고 즐거운 영어 동요

QR코드로 노래를 들어보세요!

Head, Shoulders, Knees and Toes

헤드 쇼울더즈 니이즈 앤 토우즈

So English wasn't too hard after all!

Absolutely! All we needed was an easy text with the right directions.

부록으로 더 배워보기

부록

부록 1 : 영문법의 기초 핵심원리 31개

부록 2 : 불규칙 동사 변화 140개 (현재–과거–미래)

영문법 기초 핵심 원리 31개

문법을 정복하는 핵심 비결의 하나는 이해가 안 되는 사항들을 억지로 이해하려고 시간과 에너지를 낭비하기 보다는 관련 예문들을 무조건 외우는 것입니다. 예문들을 외우다보면 자연히 이해할 수 있게 돼 있는 것이 문법입니다. 따라서 이 책의 부록에서는 예보자라는 코드명을 개발했습니다. 예보자!는 "예문들을 많이 보면 자연히 알게 됩니다!"를 예보자!로 줄인 것입니다.

[원리 1] 명사의 셈별 종류: 가산명사와 불가산명사

(1) **가산명사와 불가산명사의 뜻:** 명사에는 컵(cup)처럼 하나씩 셀 수 있는 가산명사와 공기(air)처럼 셀 수 없는 불가산명사가 있음.

(2) light(빛/등불)처럼 셀 수도 있고 셀 수 없기도 하는 2가지 양용명사가 있음.

(3) 양용명사는 단수와 복수의 뜻이 달라짐.

(4) 불가산명사를 가산명사(cup, bottle 등)를 활용하여 two cups of coffee(커피 2잔), three bottles of water (물 3병)과 같이 가산명사로 바꿀 수 있음.

셈별 종류	예	설명
가산명사	dog(개), bottle(병), cup(컵)	하나, 둘 셀 수 있음
불가산명사	air(공기), water(물), coffee(커피)	셀 수 없음
양용명사	light(빛) → two lights (2개의 등불)	복수는 뜻이 변함
불가산을 가산으로 바꿈	two cups of tea (차 2잔)	가산명사(cup) 활용

이것으로 가산명사와 불가산명사 공부 끝!

Q: 미국인이 식당에서 two teas and three coffees please.(차 2잔과 커피 3잔 주세요.) 라고 말하는 걸 들었습니다. 미국인이 틀렸나요?

A: 틀리지 않았습니다. 이 경우는 two cups of tea, three cups of coffee를 간단히 표현한 것입니다. 일상적으로 많이 사용하는 말일수록 이렇게 줄여 쓰는 경우가 많습니다. 가게에서 파는 물 2병도 two bottles of water지만 흔히 two waters라고 하기도 합니다.

[원리 2] 명사의 특성별 종류

(1) **특성별 종류의 뜻:** 명사들은 특징에 의해 아래와 같이 5가지 종류로 구분됨.

특성별 종류	예	설명
보통명사	bus(버스), pen(펜)	사물에 두루 쓰이는 명사
고유명사	Kim Nari, English(영어)	나만 존재하는 것을 가리키는 명사
집합명사	herd(무리), team(팀)	2개 이상으로 구성된 집단을 가리키는 명사
물질명사	fire(불), ice(얼음)	셀 수 없는 물질을 가리키는 명사
추상명사	love(사랑), sorrow(슬픔)	정신, 심리(생각, 감정)상태를 나타내는 명사

(2) 보통명사와 물질명사를 모두 보통명사라고 부르기도 함.
(3) 고유명사는 하나만 존재하므로 원칙적으로 가산명사가 될 수 없음.
(4) 물질명사와 추상명사도 보통명사를 활용하며 복수를 만들 수 있음.

예 two cubes of ice (각빙 2개) a piece of advice (충고 하나)

Q: 물질명사, 추상명사, 고유명사 등도 가산명사로 바꿀 수 있다고 들었는데 배워야하지요?

A: 배워야하지만 지금 배울 필요는 없습니다. 우리가 앞서 많은 예문들을 공부했는데 이렇게 예문들을 많이 보면 자연히 알게 됩니다.(=예보자!) 이런 이유로 문법공부를 따로 할 필요가 없다는 말도 나오는 것인데 예보자! 관점과 이런 문법무용론 사이에는 상호 유사점도 있는 것입니다. 어쨌든 필수기초문법은 꼭 공부해야하고 특히 이 부록에 나오는 핵심들은 반드시 알아야 할 필수원리들입니다.

[원리 3] 문장의 종류

문장 종류의 뜻: 문장들은 아래와 같이 기능별로, 그리고 구조별로 나눌 수 있고 그 각각도 몇 가지로 분류할 수 있다는 것.

(1) **문장의 기능에 의한 분류:** 우리는 앞서 평서문, 의문문, 명령문, 감탄문 등 4개에 대해 그 핵심을 간략히 다 배웠습니다. 여기에 긍정문과 부정문 2개가 추가돼 모두 6개 종류가 되는데 이들 2개 종류의 문장들도 사실은 여러 번 만났습니다. 여기서 재정리하며 기억해 둡시다.

종류	기능	예문
평서문	사물을 기술	I love Seoul. (난 서울을 사랑한다.)
의문문	질문을 제기	Do you love Seoul? (서울을 사랑합니까?)
명령문	명령과 지시	Love Seoul. (서울을 사랑하라.)
감탄문	놀람, 탄복 등	What a good city Seoul is! (서울은 정말 좋은 도시다!)
긍정문	A는 B이다 표현	Seoul is a good city. (서울은 좋은 도시다.)
부정문	A는 B아니다 표현	Seoul is not a good city. (서울은 좋은 도시가 아니다.)

* 명령문은 동사 앞에 주어가 생략된 것으로 간주한다. Love Seoul. = (You) love Seoul.

(2) **문장의 구조에 의한 분류:** 우리는 앞서 쉬운 문법정리에서 문장의 5형식을 배웠습니다. 이것이 바로 문장의 구조에 의한 분류입니다. 기억날 수 있게 핵심부분만 앞에서 이곳으로 가져옵니다.

형식	요소	예문
1	주어 + 완전자동사	I laughed. (나는 웃었다.)
2	주어 + 불완전자동사 + 보어	I became a doctor. (나는 의사가 되었다.)
3	주어 + 완전타동사 + 목적어	I love Korea. (나는 한국을 사랑한다.)
4	주어 + 수여동사 + 간접목적어 + 직접목적어	I gave him a book. (그에게 책을 주었다.)
5	주어 + 불완전타동사 + 목적어 + 목적보어	I found him drunk. (그가 술 취한 것을 발견했다.)

Q: 이것으로 문장의 종류는 정말로 다 공부했나요?

A: Absolutely! [앱써루틀리] (그렇고말고요.). 기타 알아야 할 사항들은 예보자!

[원리 4] 구(句: Phrase)

(1) **구의 뜻:** 문장에서 2개 이상의 단어가 한 단어처럼 기능하는 것을 구(phrase)라고 함.

(2) 구에는 명사구, 형용사구, 부사구, 동사구 등이 있다. 이것들은 각각 명사, 형용사, 부사, 동사의 기능을 함.

(3) 아래 동사구의 예문처럼 동사구, 부사구 등 여러 구가 한 문장에 동시에 나올 수 있음.

종류	예문	설명
명사구	Staying up late is bad for your health. (밤늦도록 자지 않는 것은 건강에 나쁘다.) I don't know how to swim. (수영하는 방법을 모른다.)	Staying up late(밤늦도록 안잠)는 주어역할을 하는 명사구 how to swim(수영하는 방법)은 목적어역할을 하는 명사구
형용사구	I have no food to eat. (먹을 식량이 없다.)	to eat가 명사 food를 꾸미는 형용사구
부사구	We eat to live. (우린 살기 위해 먹는다.) I will bring it right away. (그걸 곧 가져 오겠다.)	to live는 동사 eat를, right away는 동사 bring을 각각 꾸미는 부사구
동사구	I stayed up last night. (나는 간밤에 밤샘했다.)	stay up은 동사구, last night은 stay up을 꾸미는 부사구
대명사구	They loved each other. (그들을 서로 사랑했다.)	each other는 서로의 뜻의 대명사구로 동사 love의 목적어
전치사구	She didn't come because of rain. (우천으로 그녀는 오지 않았다.)	because of는 이유를 나타내는 전치사구
접속사구	He smiled as soon as he saw his mother. (엄마를 보자마자 그는 웃었다.)	as soon as(～하자마자)는 He smiled~와 he saw ~를 연결하는 접속사구
감탄사구	Oh, my goodness, the traffic is crawling. (아이구야, 차들이 기어가네.)	Oh, my goodness는 아이구야! 뜻의 감탄사구

Q: 아직도 구(phrase)가 잘 이해되지 않아요?

A: 예보자!

[원리 5] 절(節: Clause)

(1) **절의 뜻:** 하나의 문장 안에 있는 더 작은 문장을 절(clause)이라고 함.

(2) 절(clause)도 구(phrase)처럼 품사적 역할에 따라 명사절, 형용사절, 부사절이 있음.

(3) 명사절에는 that으로 시작되는 절(that절)과 의문사(who, when, how, which 등)로 시작되는 절(의문사절)이 있음.

(4) that절에서 that은 주어로 사용되는 경우가 아니면 생략될 수 있음. 특히 일상회화에서는 생략이 보통임.

품사적 역할	예문	설명
명사절	1) He said (that) he liked Seoul. (그는 서울을 좋아한다고 말했다.) 2) I don't know why he left. (그가 왜 떠났는지 모르겠다.) 3) That he likes Seoul is true. (그가 서울을 좋아한다는 것은 사실이다.)	1)의 that절은 목적어 역할의 명사절. that은 생략가능. 2)는 의문사 why로 시작되는 명사절. 3)의 that절은 주어 역할의 명사절이며 That은 생략 불가능
형용사절	This is the coffee (that) I like. (이것이 내가 좋아하는 커피다.)	that절은 coffee를 꾸미는 형용사절
부사절	I can't go because it is raining. (비가 오고 있기 때문에 갈 수 없다.)	because it is raining은 동사 go를 꾸미는 부사절

(5) 절(clause)은 문장에서 지위에 따라 주절, 종속절, 등위절(대등절) 등으로 구분됨. 주절은 한 문장에서 주인이 되는 절이며 종속절은 주인을 종(하인)으로서 받드는 절이며 대등절은 문장에서 동등한 지위에 있어 우열을 가릴 수 없는 절을 말한다.

문장에서 지위	예문	설명
주절과 종속절	1) I know that she is kind. (그녀가 친절하다는 것을 안다.) 2) If it rains, I will not go. (비가 오면 가지 않겠다.)	1) that절은 주절 I know의 종인 종속절로 목적어 역할 2) If ~는 주절 I will ~의 종의 역할을 하는 종속절
대등절	I like coffee, but she likes tea. (난 커피를 좋아하지만 그녀는 차를 좋아한다.)	but은 등위접속사로 난 커피를, 그녀는 차를 좋아한다는 2개절을 대등하게 연결

Q: 알고 보니 절(clause)이란 그렇게 어려운 것이 아니군요?

A: Sure. (그럼요.) 예보자!

[원리 6] 격(格: Case)

(1) **격의 뜻:** 문장에 사용되는 명사와 대명사가 다른 단어나 구(phrase)에 대해 가진 입장을 격(case)이라고 한다. 영어로 case는 입장, 경우 등을 뜻한다. 간단히 말하면 명사나 대명사가 다른 단어나 구에 대해 어떤 입장에 있느냐다.

(2) 우리는 앞서 주격, 소유격, 목적격 등을 이미 배웠다. 주어의 입장이면 주격, 소유의 입장이면 소유격, 목적어 입장이면 목적격이다.

(3) 명사의 소유격은 's를 붙여 만드는데 복수형은 단어의 끝이 이미 s이므로 s를 중복하지 않고 s'로 한다.

(4) 격은 명사와 대명사, 단수와 복수에 따라 형태가 다르다.

명사	단수	복수	예문	설명
주격	boy	boys	The boy is (The boys are) smart. (그 아이는 〈아이들은〉 영리하다.)	The boy(boys)가 주어의 입장
소유격	boy's	boys'	It is the boy's (boys') house. (그건 그 아이의 〈그 아이들의〉 집이다.)	the boy's(boys')가 소유의 입장
목적격	boy	boys	I know the boy (boys). (난 그 아이를〈아이들을〉 안다.)	the boy(boys)가 목적어의 입장

대명사(통격)*	I	we	you(단수)	you(복수)	he	she	it	they
주격	I	we	you	you	he	she	it	they
소유격	my	our	your	your	his	her	its	their
목적격	me	us	you	you	him	her	it	them

* 이 표의 대명사는 일반적 통칭을 뜻하므로 통격이라고 부르기도 한다.

Q: 목적격에는 간접목적어와 관련된 것 등 다른 사항들도 있다고 들었는데 이것으로 격은 정말 다 공부했나요?

A: 앞으로 자연히 다 알게 되니 전혀 걱정 마세요. 예보자!

[원리 7] 일치(一致: Agreement)

(1) **일치의 뜻:** 명사와 대명사가 단수냐 복수냐, 격이 무엇이냐, 인칭과 성이 무엇이냐에 따라 주어와 동사 등을 어법에 맞게 일치시키는 것.

(2) 우리는 앞서 3인칭 단수 현재 등을 공부할 때 주어의 단수와 복수 및 인칭에 따라 동사가 달라지는 것을 알았습니다.

(3) be 동사의 경우는 다음과 같이 일치시킨 것을 기억합니다.

주어	be 동사 (과거)	예문
I	am(was)	I am(was) doing the dishes. 난 설거지하고 있(었)다.
You(단수, 복수)	are(were)	You are(were) reading a book. 넌 독서하고 있(었)다.
She(He, It)	is(was)	She(He, It) is(was) moving forward. 그녀는(그이는, 그것은) 전진하고 있(었)다.
They	are(were)	They are(were) watching TV. 그들은 TV를 보고 있(었)다.

(4) have 동사와 일반 동사도 단수와 복수에 따라 아래와 같이 일치시킵니다.

주어	have 동사 예문	일반 동사 예문
I(We)	have a room.	like Seoul.
You(단수, 복수)	have a room.	like Seoul.
She(He, It)	has a room.	likes Seoul.
They	have a room.	like Seoul.
My teacher	has many books.	likes me.
Teachers(복수)	have many books.	like their students.

이것으로 일치 공부 끝!

Q: 형용사도 일치시킨다고 하는 데요?

A: 일치시켜야할 형용사는 this와 that밖에 없습니다. 다음과 같이 일치시킵니다. 그리고 일치에 관한 기타 사항들은 예보자!

- This bag is strong. 이 백은 강하다.
- That star twinkles. 저 별은 반짝인다.
- That boy is cute. 그 아이는 귀엽다.
- These bags are strong. 이 백들은 강하다.
- Those stars twinkle. 저 별들은 반짝인다.
- Those boys are cute. 그 아이들은 귀엽다.

[원리 8] 비교(比較: Comparison)

(1) **비교의 뜻:** 가령 잘한다, 더 잘 한다, 가장 잘한다는 뭔가를 잘하는 정도를 비교하는 데 이런 표현방법을 비교라고 함.

(2) 비교에는 원급(기본급), 비교급, 최상급이 있음.

(3) 규칙에 따라 비교급과 최상급으로 변하는 단어와 불규칙적으로 변하는 2종류가 있음.

(4) **규칙에 따르는 단어들의 비교급과 최상급 어미를 만드는 7개 규칙**

① 단음절어와 일부 2음절어의 비교급은 원급+er, 최상급은 원급+est 형태를 대개 취함.

② 원급이 e로 끝나는 단어에는 -r, -st만을 붙임.

③ 원급이 a, e, i, o, u 등 단모음+자음으로 끝나는 단어에는 그 자음자를 반복함.

④ 원급이 자음자+y로 끝나는 단어는 y를 i로 바꾸어 -er, -est를 붙임.

⑤ 단어 free의 비교급과 최상급 발음은 [프리어] [프리스트]가 아니라 [프리이어] [프리이스트]임.

⑥ 원급의 끝이 -ng로 끝나면 g(=그) 발음을 추가해야 함.
longer → 롱거(O), 롱어(X)

⑦ 2음절 이상의 단어는 대개 [비교급 = more + 원급], [최상급 = most + 원급]의 규칙을 적용하지만 -er, -est형도 취할 수 있어 2가지 형태로 쓰이는 예외도 있음.

규칙	원급	비교급	최상급	설명
①	cold(추운)	colder	coldest	-er, -est형
①	warm(따뜻한)	warmer	warmest	-er, -est형
②	nice(훌륭한)	nicer	nicest	-r, -st형
②	safe(안전한)	safer	safest	-r, -st형
③	big(큰)	bigger	biggest	[단모음+자음]형 g반복
③	sad(슬픈)	sadder	saddest	[단모음+자음]형 d반복
④	easy(쉬운)	easier	easiest	자음자+y형 y → i
④	dirty(더러운)	dirtier	dirtiest	자음자+y형 y → i
⑤	free(자유로운)	freer	freest	발음: freer[프리이어](O), [프리어](X); freest[프리이스트](O), [프리스트](X)

규칙	원급	비교급	최상급	설명
⑥	long(긴)	longer	longest	발음: [롱거], [롱기스트]
⑥	young(젊은)	younger	youngest	발음 [영거], [영기스트]
⑦	beautiful(아름다운)	more beautiful	most beautiful	2음절 이상 일반형
⑦	sure(확실한)	surer	surest	-er, -est형
⑦	sure	more sure	most sure	more ~, most ~형

(5) 아래와 같이 불규칙 변화를 하는 것도 있음.

변화 형태	원급	비교급	최상급
규칙	high(높은, 높게)	higher(더 높은)	highest(가장 높은)
불규칙	good(좋은), well(잘)	better(더 좋은)	best(최상의)
불규칙	bad(나쁜)	worse(더 나쁜)	worst(최악의)
불규칙	many, much(많은, 많이)	more(더 많은)	most(가장 많은)
불규칙	little(적은, 적게)	less(더 적은)	least(가장 적은)

(6) 위 표의 high, much, little 등과 같이 형용사와 부사 2가지 품사로 쓰이는 것들이 있음.

(7) 비교는 품사들 중 형용사와 부사에만 적용됨.

(8) 비교를 생각하면서 우리가 앞서 배운 예문들을 기억해 봅시다. Tomorrow is good. Tonight is better. You're the best. 그리고 East or west, home is the best.도 배웠습니다. 기억나시죠? 다음 예문들도 몇 개 더 배워둡시다.

- It's colder today than it was yesterday. 오늘은 어제보다 더 춥다.
- She's the nicest person in the world! 그녀는 세상에서 가장 좋은 사람이다!
- Chanho is the biggest student in his class. 찬호는 자기 반에서 덩치가 가장 크다.
- This question is easier than that one. 이 문제는 그것보다 더 쉽다.
- He was the freest man on earth. 그는 지상에서 가장 자유로운 사람이었다.
- The bridge is longer than the Golden Gate. 그 다리는 골든게이트보다 더 길다.
- That is the surest way to fail. 그건 실패로 가는 가장 확실한 길이다.

이것으로 비교 공부 끝!

Q: 이것으로 비교는 정말로 다 공부했나요? Chanho is as old as Jinho. (찬호는 진호만큼 나이가 들었다.) 이렇게 as old as와 같은 동등비교도 있다는 데요?

A: 만일 문법을 배워 영문법학자가 되기로 발 벗고 나섰다면 몰라도 우리는 지금 영어를 배우려는 것입니다. 우리에게 문법은 목적이 아니라 영어를 배우는 수단입니다. as old as는 앞으로 말들을 배우면서 하나씩 주어 담을 숙어에 불과합니다. A as old as B = A만큼이나 오래된(나이든) B, 이런 식으로 숙어처럼 배우면 됩니다. 알겠지요? 예보자!

[원리 9] 관계사(關係詞: Relative)

(1) **관계사의 뜻:** 2개의 문장이 서로 관계(關係)를 갖게 하여 하나의 문장으로 만드는 역할을 하는 말을 관계사라고 함.

(2) 관계사에는 관계대명사와 관계부사가 있음. 관계형용사라 불리는 것도 있으나 이것은 빈번하게 사용되지 않으며 따라서 그다지 중요하지도 않음.

(3) 관계사는 원래 2개의 문장을 관련시켜 하나의 문장이 되게 하는데 관계사가 이끄는 절을 관계절이라 하고 이것은 종속절이 된다. 2개 문장 중 남은 하나의 문장은 주절이 된다.

(4) 관계대명사란?

① 2개 문장이 관계를 맺게 하여 하나의 문장으로 만들되 원래 대명사이므로 주격, 소유격, 목적격으로 사용될 수 있음.

② 관계대명사는 문장에서 그것의 대상이 되는(그것을 대신하는) 말이 있으며 이것은 관계대명사의 앞에 나오므로(선행하므로) 선행사라고 함.

③ 관계대명사는 선행사가 사람일 경우와 물건이나 동물 등일 경우에 따라 달라짐. 2가지에 공통으로 쓰이는 관계대명사 that도 있음.

(a) 사람을 대상으로 하는 관계대명사 사용의 예

격	대상	2개의 문장	관계대명사	1개의 문장을 만듬
주격	사람	I know Hana. (난 하나를 안다.) She likes coffee. (그녀는 커피를 좋아한다.)	who	I know Hana who likes coffee. (난 커피를 좋아하는 하나를 안다.)

격	대상	2개의 문장	관계대명사	1개의 문장을 만듦
소유격	사람	I know Hana.(난 하나를 안다.) Her hair is short. (그녀의 머리는 짧다.)	whose	I know Hana whose hair is short. (난 짧은 머리를 한 하나를 안다.)
목적격	사람	I know Hana.(난 하나를 안다.) Nari likes Hana. (나리는 하나를 좋아한다.)	whom	I know Hana whom* Nari likes. (난 나리가 좋아하는 하나를 안다.)

* 현대 영어에서는 목적격도 who

(b) 물건, 동물 등을 대상으로 하는 관계대명사 사용의 예

격	대상	2개의 문장	관계 대명사	1개의 문장을 만듦
주격	물건 동물	I saw Seoul. (난 서울을 보았다.) Seoul was crowded. (서울은 혼잡했다.)	which	I saw Seoul which was crowded. (난 혼잡한 서울을 보았다.)
소유격	물건 동물	I saw Seoul. (난 서울을 보았다.) The streets of Seoul were crowded. (서울의 거리들은 혼잡했다.)	whose	I saw Seoul of which the (whose) streets were crowded. (난 거리들이 혼잡한 서울을 보았다.)
목적격	물건 동물	I saw Seoul. (난 서울을 보았다.) My friends wanted to see Seoul. (내 친구들은 서울을 보고 싶어 했다.)	which	I saw Seoul which my friends wanted to see. (난 내 친구들이 보고 싶어 했던 서울을 보았다.)

* 소유격의 경우에는 of which the streets = whose streets처럼 사람을 대상으로 하는 관계대명사를 사용할 수 있다. of which the streets는 the streets of which라고 해도 된다.

ex. She gave me a pen the price of which(= of which the price = whose price) is cheap.
그녀는 값이 싼 펜 하나를 나에게 주었다.

(c) 관계대명사 that은 사람과 물건, 동물 등에 모두 사용된다. 단 소유격으로는 사용할 수 없다.

- I know Hana that(who) likes Nari. (난 나리를 좋아하는 하나를 안다.)
- I saw Seoul that(which) was crowded.(난 혼잡한 서울을 보았다.)
- I saw Seoul the streets of that were crowded.(X) → 소유격 사용은 불가능

(5) 관계부사란?

① 관계대명사와 마찬가지로 2개의 문장을 관련시키고 종속절인 관계절을 이끌며 선행사가 있음.

② 관계부사의 선행사는 생략되는 경우가 많음. 생략해도 의미가 분명하고 특히 같은 의미를 가진 단어의 중복사용을 피할 수 있기 때문임.

③ 부사 또는 부사구는 장소(in the place), 시간(at that time), 이유(for the reason), 방법(in the way) 등을 나타내는 바, 관계부사도 부사인 관계사이므로 위와 같은 것들을 나타냄.

④ 따라서 관계부사에는 where, when, why, how 등이 있음.

⑤ 관계부사는 명사나 대명사가 아닌 부사기 때문에 주격, 소유격, 목적격 등의 격이 없음.

선행사	2개의 문장	관계 부사	1개의 문장을 만듬
장소	We went to a cafe. (우린 카페에 갔다.) In that cafe, we drank coffee. (그 카페에서 커피를 마셨다.)	where	We went to a cafe where we drank coffee. (우린 카페에 가서 커피를 마셨다.)
시간	We met at noon. (우린 정오에 만났다.) At noon we had lunch. (정오에 우린 점심식사를 했다.)	when	We met at noon when we had lunch. (우린 정오에 만나 점심식사를 했다.)
이유	She didn't come for some reason. (그녀는 어떤 이유가 있어 오지 못했다.) I don't know the reason. (난 그 이유를 모른다.)	why	I don't know (the reason) why she didn't come. (그녀가 오지 않은 이유를 난 모른다.)
방법	He did it in some way. (그는 어떤 방식으론지 그걸 했다.) I don't know the way. (난 그 방식을 모른다.)	how	I don't know (the way) how he did it. (그가 어떻게 그걸 했는지 나는 모른다.)

⑥ 표에서 in that cafe, at noon, for some reason, in some way 등은 모두 부사구임.

⑦ 표의 1개 문장 예문에서 the reason, the way 등은 생략이 가능함. 아래 문장들에서 the place, the time도 생략이 가능함.

- This is (the place) where we first met. 이곳이 우리가 처음으로 만났던 곳이다.
- Youth is (the time) when we should work hard. 청년시절은 열심히 일해야 하는 시기다.

(6) 관계절에는 제한적 용법과 비제한적(연속적) 용법이 있음.

① 제한적 용법은 종속절을 먼저 해석하여 선행사의 성격이나 범위 등을 제한하며 비제한적(연속적) 용법은 주절을 먼저 해석하고 연속적으로 종속절을 해석함.

② 관계대명사 that은 연속적 용법으로 사용할 수 없다.

용법	예문	관계사	설명
제한적	I love Korea which is strong. (나는 강한 한국을 사랑한다.)	관계대명사	which 이하의 관계절이 선행사 Korea를 제한하여(꾸며) 한국이 어떤 나라인지 성격을 분명히 함.
	I love Korea where many good people live. (나는 선량한 사람들이 많이 살고 있는 한국을 사랑한다.)	관계부사	where 이하의 관계절이 선행사 Korea를 제한하여(꾸며) 한국이 어떤 나라인지 성격을 분명히 함.
	I love Korea that is strong. (나는 강한 한국을 사랑한다.)	관계대명사	that은 제한적으로만 사용가능
연속적	I love Korea, which is strong. (나는 한국을 사랑하는데 한국은 강하다.)	관계대명사	which 이하의 관계절이 Korea를 제한하지 않고 설명을 덧붙이고 있을 뿐임.
	I love Korea, where many good people live. (나는 한국을 사랑하는데 거기엔 선량한 사람들이 많이 살고 있다.)	관계부사	where 이하의 관계절이 Korea를 제한하지 않고 설명을 덧붙이고 있을 뿐임.

Q: 이것으로 골치 아픈 관계사는 정말로 다 공부했나요? 관계형용사라는 것도 있다는데요?

A: 관계형용사는 아래 예문만 무조건 외우면 끝입니다. 관계사에 관한 일체의 기타사항들도 예보자!

2개의 문장	1개의 문장을 만듬	설명
I gave him food. (그에게 식량을 주었다.) I had the food. (그 식량을 갖고 있었다.)	I gave him what food I had. (난 그에게 내가 갖고 있던 식량을 주었다.)	관계형용사 what은 명사 food를 꾸미는 형용사이며 2개 문장의 관계를 맺어주는 관계사.
I told him to stop smoking. (난 그에게 담배를 끊으라고 말했다.) That advice worked. (그 충고는 효과가 있었다.)	I told him to stop smoking, which advice worked. (난 그에게 담배를 끊으라고 말했는데 그 충고가 효과를 봤다.)	관계형용사 which는 명사 advice를 꾸미는 형용사이며 2개 문장의 관계를 맺어주는 관계사.

[원리 10] 가정법(假定法: Subjunctive Mood)

(1) **가정법의 뜻:** 사실과 다르거나 가상적이며 불확실한 행동이나 상태를 진술하기 위해 사용하는 표현방법을 가정법이라고 함.

(2) 가령 다음같이 가정하여 표현하는 것임.

If I were rich, I could buy you a car.

(내가 부자라면 너에게 자동차를 사줄 수 있을 텐데. → 사실은 부자가 아니라 사주지 못한다.)

(3) 위의 예문에서 일치의 규칙에 따라 If I am(was)~가 아니라 I were가 되는 이유가 어렵게 느껴지는 부분임. 특히 단순한 조건과 현실과 다른 가정의 차이에 주의해야 함.

(4) **가령 다음 문장의 차이를 비교할 것.**

단순조건 문장	가정법 문장	설명
If I make much money, I will buy you a car. (내가 돈을 많이 벌면 너에게 차를 사줄 것이다.) → 단순한 조건. 돈을 많이 벌면 차를 사주겠다는 것.	If I made much money, I would buy you a car. (내가 돈을 많이 번다면 너에게 자동차를 사줄 텐데.) → 현실과 다른 가정. 돈을 벌지 못함으로 자동차를 사주지 못함.	왼쪽 2개 예문을 보면 가정법문장은 차를 사줄 가능성이 희박함을 나타내고 있어 의미상 차이가 분명함. 따라서 자연히 문장이 달라져야 하는데 영어에서는 동사(구) 부분이 달라지는 것임.

(5) 가정법은 어렵지 않음. 어렵게 느껴지는 이유는 문법책들에 나오는 설명체계(방법)가 복잡한데 이것을 한꺼번에 소화하려다 보니 어렵게 느껴지는 것임. 특히 가정법은 영어문장들과 친숙해지면서 자연히 터득되는 특징이 강함. 기초문법차원에서는 다음 (6), (7)에서 간단히 정리됨.

(6) 가정법은 아래와 같이 직설법, 명령법과 더불어 문장에서 나타나는 3개 법들 중 하나임.

법	문장 표현 기능	예문	설명
직설법	존재하는 사실	I'm Hana. (난 하나다.)	지금껏 배운 문장 대부분이 직설법 문장들임.
명령법	명령, 지시 등	Get out! (나가!)	명령문을 만듬. 명령문은 앞에서 배움.
가정법	꼭 사실이 아닌 가정, 공손, 소망 등	Would you go with me? (저와 함께 가시겠어요?)	이 예문은 현재, 과거, 과거완료, 미래 형태 중 미래에 속함.

(7) 가정법에는 현재, 과거, 과거완료, 미래가 있음

1) **가정법 현재:** 기원과 소망을 나타냄.

God bless you. = May God bless you. 하느님의 가호가 있기를!

2) **가정법 과거:** 현재 사실과 반대되는 이루어질 수 없는 가정을 나타냄.

- If I were rich, I would (could, should) buy you a house.
  내가 부자라면 너에게 집을 사줄 (사줄 수 있을, 꼭 사줄) 텐데. (사실은 부자가 아니라 사주지 못한다는 것)
- I wish I could go with you.
  너와 함께 갈 수 있으면 좋으련만. (현재 형편상 너와 함께 갈 수 없다는 것)

가정법 과거의 핵심요소

① If ~ were, ~ would (could, should, might)의 형태를 흔히 취함.

② would는 ~할 텐데, could는 ~할 수 있을 텐데(능력), should는 꼭 ~ 할 텐데(장담), might는 ~ 할 수도 있을 텐데 등 의미 차이가 있음.

③ I wish I could ~도 불가능한 일을 가정함.

3) **가정법 과거완료:** 과거에 일어난 사실과 반대되는 이루지 못한 가정을 나타냄.

- If I had known it, I could have told you about it.
  그걸 내가 알았더라면 네게 말했었을 텐데. (과거에 그걸 알지 못했기에 그것에 관해 말할 수 없었다는 것)

- I wish I could have known it.
  내가 그걸 알았더라면 좋았을 텐데. (과거에 알지 못했기에 어쩔 수가 없었다는 것)

가정법 과거완료의 핵심요소

① If ~ had + 과거분사, ~ would (could, should, might) have + 과거분사 형태임.

② would는 ~했을 텐데, could는 ~할 수 있었을 텐데(능력), should는 꼭 ~ 했을 텐데(장담), might는 ~ 할 수도 있었을 텐데 등 의미 차이가 있음.

③ I wish I could have ~도 과거에 불가능했던 일을 가정.

4) 가정법 미래: 장래 실현되기 힘든 가정, 뭘 하고픈 의지, 공손함 등을 나타냄.

- If I should meet her, I would be happy. 혹시 그녀를 만난다면 행복할 텐데.
- If you would win, you would have to work hard.
  이기고 싶거든 열심히 일해야 할 것이다.
- Would (Could) you go with me?
  나와 같이 가시겠어요? → 마치 같이 가지 않을 것 같다는 어조의 공손한 질문
- I'd (= I would) love to. 그럼요. → 공손한 질문에 대한 공손한 대답

가정법 미래의 핵심요소

① If ~ should(would), ~ should(would) ~ 형태임.

② would는 ~하고 싶다면, should는 혹시 ~한다면. → 의미상 차이가 있음.

③ 지금껏 우리가 많이 접한 Would (Could) you~? 표현 형태는 가정법에서 가정법 미래에 속함.

Q: 가정법에는 미래완료도 있고 다른 특별 용법들도 있다는데요?

A: 영문법에서 특히 가정법 부분은 전문가들이 여러 가지 다른 설명들을 많이 제공하는 부분입니다. 그러나 가장 주의해야할 점은 영어를 공부하려는 초보자가 먼저 가정법을 공부하고 다른 영어를 배우는 것이 아니라 지금까지 우리가 배워온 생활영어 예문들을 공부하면서 자연히 터득해 나가야 한다는 것입니다. 지금 단계에서는 핵심원리를 이해하는 것이 무엇보다도 중요합니다. 이 점은 영문법의 다른 부분도 마찬가지라는 것을 거듭 강조합니다. 예보자!

[원리 11-31] 앞서 쉬운 문법정리에서 이미 공부했습니다.

이미 배운 것들을 재정리하면 다음과 같습니다.

원리 11 8품사(명사, 대명사, 동사, 형용사, 부사, 감탄사, 접속사, 전치사) (p.39, p.49, p.59, p.69)
원리 12 본동사와 조동사 (p.99, p.109)
원리 13 관사 (p.79)
원리 14 문장의 5형식 (p.209)
원리 15 주어, 보어, 목적어 (p.199)
원리 16 완전자동사와 불완전자동사 (p.199)
원리 17 완전타동사와 불완전타동사 (p.209)
원리 18 수여동사 (p.209)
원리 19 동사변화(p.129, p.139)
원리 20 현재진행형 (p.149)
원리 21 완료형 (p.179)
원리 22 수동형 (p.149)
원리 23 부정사 (p.219)
원리 24 분사(현재분사와 과거분사)(p.119)
원리 25 동명사 (p.79)
원리 26 직접화법과 간접화법 (p.189)
원리 27 수(명사의 단수와 복수) (p.179)
원리 28 기수와 서수 (p.89, p.189)
원리 29 의문사 (p.169)
원리 30 모음과 자음 (p.79)
원리 31 원형과 줄임 형태 (p.59, p.99)

불규칙 동사 변화 140개 (현재-과거-과거분사)

현재	과거	과거분사	의미
arise	arose	arisen	일어나다, 생겨나다
awake	awoke	awoken	깨다, 깨우다
bear	bore	borne, born	낳다
beat	beat	beat	때리다, 치다
become	became	become	되다
begin	began	begun	시작하다
behold	beheld	beheld	보다
bend	bent	bent	구부리다, 굽다
bet	bet	bet	(돈을) 걸다
bid	bade	bidden	명령하다, 말하다
bind	bound	bound	묶다, 감다
bite	bit	bit(bitten)	물다
bleed	bled	bled	피 흘리다
blow	blew	blown	불다, (경적)울리다
break	broke	broken	부수다, 깨뜨리다
breed	bred	bred	낳다, 기르다
bring	brought	brought	가져오다, 데려오다
build	built	built	세우다
burn	burnt	burnt	(불)타다, 태우다
burst	burst	burst	터뜨리다
buy	bought	bought	사다
cast	cast	cast	던지다
catch	caught	caught	붙잡다
choose	chose	chosen	고르다, 선택하다
cleave	clove	cloven	쪼개다
cling	clung	clung	달라붙다, 집착하다
cost	cost	cost	(금액이) 들다
creep	crept	crept	기다
deal	dealt	dealt	다루다, 취급하다
dig	dug	dug	(땅을) 파다
draw	drew	drawn	끌다, 끌어내다

현재	과거	과거분사	의미
drink	drank	drunk	마시다
drive	drove	driven	(자동차 등을) 몰다, 하게 하다
dwell	dwelt	dwelt	~에 살다, 머무르다
eat	ate	eaten	먹다
fall	fell	fallen	떨어지다, 넘어지다
feed	fed	fed	먹이다, 기르다
feel	felt	felt	느끼다
fight	fought	fought	싸우다
find	found	found	발견하다
flee	fled	fled	도망치다
fling	flung	flung	내던지다
fly	flew	flown	날다, 날리다
forbid	forbade	forbidden	금지하다
forecast	forecast	forecast	예고(예언)하다
forget	forgot	forgotten	잊다
forgive	forgave	forgiven	용서하다
forsake	forsook	forsaken	버리다
freeze	froze	frozen	얼다, 얼리다
get	got	got	받다
give	gave	given	주다
go	went	gone	가다
grind	ground	ground	(가루가 되게) 갈다
grow	grew	grown	자라다, 되다
hang	hung	hung	매달다, 매달려있다
hear	heard	heard	듣다
hide	hid	hidden	숨기다
hit	hit	hit	때리다
hold	held	held	붙잡다, 담다
hurt	hurt	hurt	상처를 입히다
keep	kept	kept	지키다, 유지하다
kneel	knelt	knelt	무릎을 꿇다
know	knew	known	알다

현재	과거	과거분사	의미
lay	laid	laid	두다, 눕히다
lead	led	led	이끌다, ~에 이르다
leave	left	left	떠나다, 남겨두다
lend	lent	lent	빌려주다
let	let	let	하게 시키다
lie	lay	lain	눕다
lose	lost	lost	잃어버리다
make	made	made	만들다
mean	meant	meant	의미하다
meet	met	met	만나다
pay	paid	paid	지불하다
put	put	put	(~에) 두다
quit	quit	quit	그만두다, 단념하다
read	read	read	읽다
rend	rent	rent	박살내다, 쥐어뜯다
rid	rid	rid	제거하다
ride	rode	ridden	(탈것에) 타다
ring	rang	rung	(벨이) 울리다
rise	rose	risen	뜨다, 일어서다
run	ran	run	뛰다
say	said	said	말하다
see	saw	seen	보다
seek	sought	sought	찾다, 추구하다
sell	sold	sold	팔다
send	sent	sent	보내다
set	set	set	놓다
shake	shook	shaken	흔들리다, 흔들다
shed	shed	shed	(눈물, 피를) 흘리다
shine	shone	shone	빛나다
shoot	shot	shot	발사하다, 던지다
show	showed	shown	보여주다
shrink	shrunk	shrunk	줄어들다

현재	과거	과거분사	의미
shut	shut	shut	닫다
sing	sang	sung	노래하다
sink	sank	sunk	가라앉다
sit	sat	sat	앉다
slay	slew	slain	살해하다, 도살하다
sleep	slept	slept	자다
sow	sowed	sown	씨를 뿌리다
speak	spoke	spoken	말하다
spend	spent	spent	(돈, 시간을) 쓰다
spit	spit	spit	침을 뱉다
split	split	split	쪼개다
spoil	spoilt	spoilt	망쳐놓다
spread	spread	spread	펼치다, 퍼뜨리다
spring	sprang	sprung	뛰다
stand	stood	stood	서다
steal	stole	stolen	훔치다
stick	stuck	stuck	찌르다, (~에)붙이다
sting	stung	stung	찌르다, 쏘다
strike	struck	struck	때리다
strive	strove	striven	노력하다, 싸우다
swear	swore	sworn	맹세하다
sweep	swept	swept	쓸다, 청소하다
swim	swam	swum	수영하다
swing	swung	swung	흔들다, 흔들리다
take	took	taken	잡다
teach	taught	taught	가르치다
tear	tore	torn	찢다
tell	told	told	말하다
think	thought	thought	생각하다
thrive	throve	thriven	번영하다, 성공하다
throw	threw	thrown	던지다
thrust	thrust	thrust	찔러 넣다
tread	trod	trodden	밟다, 짓밟다

현재	과거	과거분사	의미
understand	understood	understood	이해하다
upset	upset	upset	뒤엎다, 전복시키다
wake	woke	woken	(잠에서) 깨다
wear	wore	worn	입다
weave	wove	woven	(천을) 짜다
weep	wept	wept	울다
win	won	won	이기다
wind	wound	wound	굽이치다, 휘감다
withdraw	withdrew	withdrawn	물러나다, 철수하다
withhold	withheld	withheld	보류하다, 억누르다
wring	wrung	wrung	비틀다
write	wrote	written	쓰다

MEMO

5060 세대를 위한
시니어
영어
첫걸음
쓰기노트

1. 알파벳 쓰기 연습

A a
에이 [éi]

B
비– [biː]

C c
씨– [siː]

D d
디– [diː]

E e
이– [iː]

F f
에프 [ef]

G g
쥐– [dʒiː]

H h
에이취 [eitʃ]

I i
아이 [ai]

J j
제이 [dʒei]

K k
케이 [kei]

L l
엘 [el]

M m
엠 [em]

N n
엔 [en]

O o
오우 [ou]

P p

피– [pi:]

Q q

큐– [kju:]

R r

아알 [ɑ:(r)]

S s

에스 [es]

T t

티– [ti:]

U u

유– [ju:]

V v

비– [vi:]

W w

더블유– [dʌ́blju:]

X x

엑스 [eks]

Y y

와이 [wai]

Z z

지– [zi:]

※ '비–', '씨–'에서 '–'표시는 길게 발음을 해야하는 장음 표기입니다.
따라서 실제 발음을 하게되면 '비이', '씨이'로 발음을 하게 됩니다.

대문자 쓰기

A A A

B B B

C C C

D D D

E E E

F F F

G G G

H H H

I I I

J J J

K K K

L L L

M M M

N N N

O O O

P P P

Q Q Q

R R R

S S S

T T T

U U U

V V V

W W W

X X X

Y Y Y

Z Z Z

소문자 쓰기

a a a

b b b

c c c

d d d

e e e

f f f

g g g

h h h

i i i

j j j

k k k

l l l

m m m

n n n

o o o

p p p

q q q

r r r

s s s

t t t

u u u

v v v

w w w

x x x

y y y

z z z

2. 본문 쓰기 연습

인사하기

Good morning, Hana. 안녕하세요, 하나 씨

시작해 보기(기본표현)

- Good morning, Hana. 안녕, 하나

- Good afternoon, Chanho. 안녕, 찬호

- Good evening, Hana. 안녕, 하나

- Good night, Chanho. 잘 가, 찬호

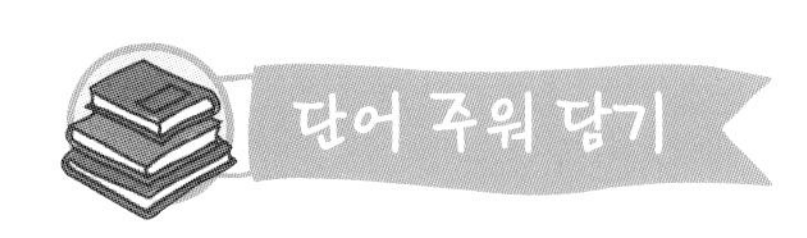

- [ ] **good** [굿] 좋은
- [ ] **morning** [모오닝] 아침
- [ ] **afternoon** [앱터누운] 오후
- [ ] **evening** [이이브닝] 저녁
- [ ] **night** [나잇] 밤
- [ ] **how** [하우] 어떻게
- [ ] **fine** [파인] 좋은
- [ ] **thank** [탱크] 감사하다
- [ ] **Hello** [헬로우] 안녕
- [ ] **Hi** [하이] 안녕
- [ ] **well** [웰] 좋은, 잘
- [ ] **OK** [오우케이] 좋아

작별인사

See you again, Chanho. 또 만나요, 찬호 씨

시작해 보기(기본표현)

- Good-bye. 안녕

- Bye-bye. 안녕

- Bye now. 안녕

- See you again. 또 봐 (만나)

- See you later. 또 봐.

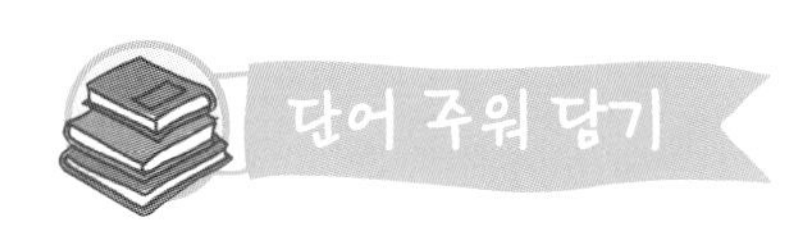

- [ ] **bye** [바이] 안녕
- [ ] **see** [씨이] 보다
- [ ] **now** [나우] 지금
- [ ] **again** [어겐] 또
- [ ] **later** [레이러] 뒤에
- [ ] **tonight** [투나잇] 오늘 밤
- [ ] **then** [덴] 그때, 정해진 시간에
- [ ] **little** [리를] 적은 (작은)
- [ ] **while** [화일] 동안
- [ ] **in a little while** 조금 있다, 곧
- [ ] **sometime** [섬타임] 언젠가

좋아하는 것 말하기

Do you like movies? 영화 좋아하세요?

시작해 보기(기본표현)

- Do you like movies? 영화를 좋아하세요?

- Yes, I do. 네, 좋아합니다.

- Sure. 그럼요.

- No, I don't. 아니요, 좋아하지 않습니다.

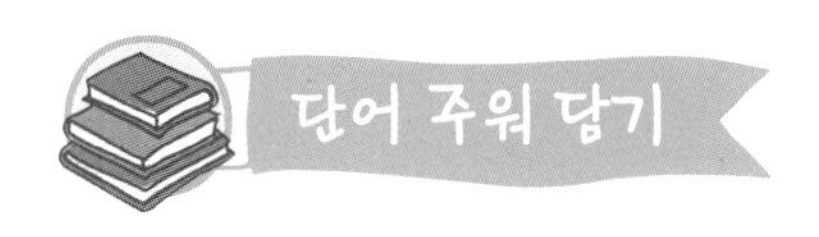

- like [라익] 좋아하다
- coffee [커피] 커피
- apple [애플] 사과
- dog [닥] 개
- America [어메리카] 미국
- sure [슈어] 틀림없이, 그럼요
- action [액션] 액션영화
- comedy [카머디] 코미디 영화
- fast food [패슷 푸드] 패스트푸드
- steak [스테익] 스테이크
- Korea [코리이어] 한국
- Korean [코리이언] 한국식의, 한국인(어)

날씨 이야기

Oh, the weather is great today. 아! 오늘은 날씨가 정말 좋군요.

시작해 보기(기본표현)

- Oh, the weather is great today. 오, 오늘 날씨 정말 좋구나.

- Yeah. It's beautiful. 그래, 정말 좋아.

- What's the weather for tomorrow? 내일 날씨는 어떨까?

- It's going to rain tomorrow. 내일은 비가 올 거야.

- It will rain tomorrow. 내일은 비가 올 거야.

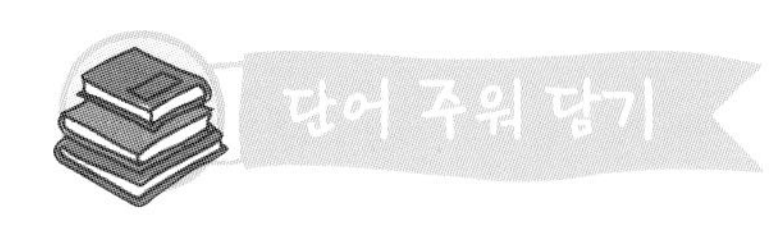

oh (감탄사) [오우] 오

beautiful [뷰우터펄] 아름다운

weather [웨더] 날씨

yeah [야아] 그래, 네

yes [예스] 그래, 네

great [그레잇] 아주 좋은, 훌륭한

rain [레인] 비(가 내리다)

gee [지이] 아이고(감탄사)

misty [미스티] 안개 낀

Las Vegas [라스베이거스] 미국의 유명 도박 도시

heavily [헤빌리] 무겁게, 몹시

쇼핑가기

Hana and Chanho go shopping. 하나와 찬호가 쇼핑하러 갑니다.

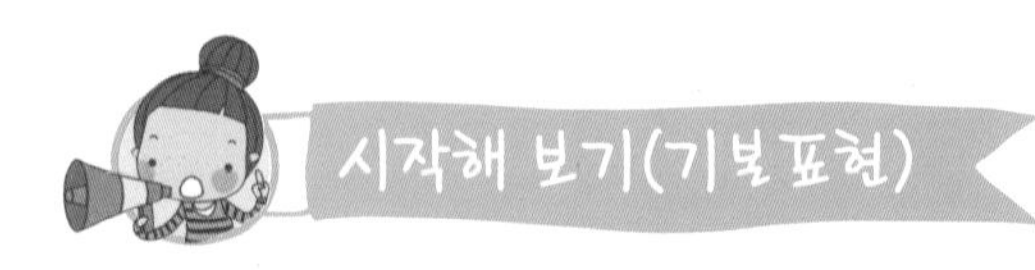

- Where are you going, Chanho? 찬호 어디 가?

- I'm going to the department store. 백화점에 가는 중이야.

- Would you go with me? 나와 같이 갈래?

- What do you want to buy? 뭘 사려고?

- I have to buy jeans. 청바지를 사야 해.

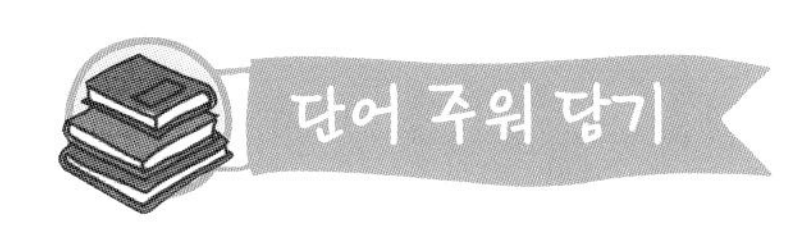

- [ ] **where** [웨어] 어디에, 어디로
- [ ] **mall** [몰] 쇼핑센터
- [ ] **would ~** [우드] 하겠어요?
- [ ] **accompany** [어컴퍼니] 누구와 함께 가다
- [ ] **want** [원트] 원하다
- [ ] **buy** [바이] 사다
- [ ] **thirty** [써리] 30
- [ ] **dollar** [달러] 달러
- [ ] **try** [트라이] 시도해 보다
- [ ] **try it on** [트라이 잇 온] 입어보다
- [ ] **size** [사이즈] 크기
- [ ] **changing** [체인징] 바꾸는

커피마시기

Let's have some coffee. 커피 좀 합시다.

시작해 보기(기본표현)

- Hana, what a beautiful morning! 하나, 정말 좋은 아침이야!

- Yes, what a wonderful day! 정말 좋은 날이야!

- Would you like some coffee? 커피 좀 마시겠어?

- Yes, that would be nice. Thank you. 그럼, 커피 아주 좋지. 고마워.

- How about caffe latte? 카페라떼 어때?

- That would be great! I love it. 아주 좋지! 정말 좋아.

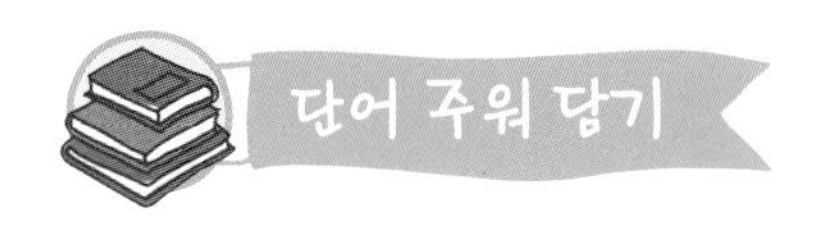

- pretty [프리디] 예쁜, 귀여운
- lady [레이디] 여성, 귀부인
- fantastic [팬태스틱] 환상적인
- person [퍼어선] 사람, 인간
- favorite [페이버릿] 좋아하는
- a lot [어랏] 많이(은)
- choose [추즈] 선택하다
- idea [아이디어] 생각
- fun [펀] 재미
- smell [스멜] 냄새

전화하기

Is Hana there? 하나 씨 있습니까?

시작해 보기(기본표현)

- Can I speak to Hana, please? 하나 있어요?

- This is she speaking. 접니다.

- Is that Chanho? 찬호인가요?

- May I ask who's calling? 누구신지요?

- OK. I'll tell Hana you called. 네. 당신이 전화했다고 하나에게 전하겠습니다.

- Would you like to leave a message? 전할 말씀이 있으신가요?

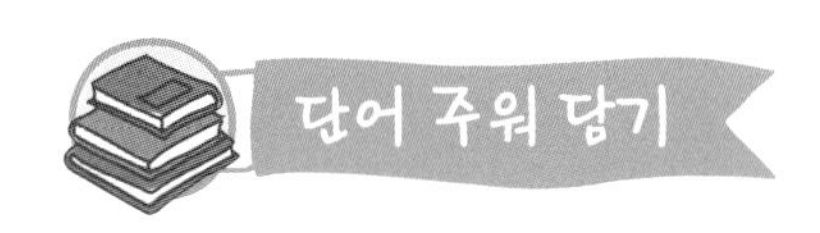

- speak up [스피컵] 목소리를 높이다
- get that [겟댓] 그걸 이해하다
- be back [비백] 돌아오다
- actually [액추얼리] 사실은
- hold on [호울드 온] 전화를 끊지 않다
- whether [웨더] ~인지 어떤지를
- hang up [행업] 전화를 끊다
- on the line [온더라인] 전화를 받고 있는
- telephone [텔러포운] 전화
- cell phone [셀 포운] 휴대전화
- call [코올] (전화를) 걸다
- message [메시지] 전하는 말

소개하기

Glad to meet you. 뵙게 돼서 반갑습니다.

시작해 보기(기본표현)

- Chanho, I'd like you to meet Nari. 찬호 나리와 인사하세요.

- Nari, this is Chanho. 나리, 이 분은 찬호야.

- How do you do? 안녕하세요?

- It's a pleasure to meet you. 뵙게 돼서 반갑습니다.

- Nari works for (at) the B&D Motor Co.
  나리는 비앤디 자동차에서 일하죠.

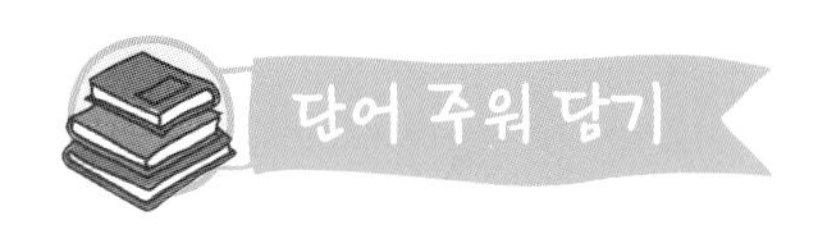

- pleasure [플레저] 즐거움
- work for (at) ~에서 근무하다
- Motor [모우터] 자동차
- Co. [코우] 회사
- company [캄퍼니] 회사
- customer service [커스터머 써어비스] 고객서비스
- met [멧] meet의 과거 및 과거분사
- each other [이취 아더] 서로
- be (come) from ~에서 오다(출신이다)
- the United States [더 유나이팃 스테잇] 미국
- interesting [인터리스팅] 재미있는
- crowded [크라우딧] 혼잡한

질병이야기

Do you feel better now? 몸은 좀 좋아지셨나요?

시작해 보기(기본표현)

- My head is spinning. 난 어지럽다.

- I have a sore throat. 난 목이 아프다.

- I'm running a temperature. 난 열이 나고 있다.

- Go see a doctor. 의사에게 진찰을 받아봐.

- You'd better stay at home. 집에서 쉬는 게 좋겠다.

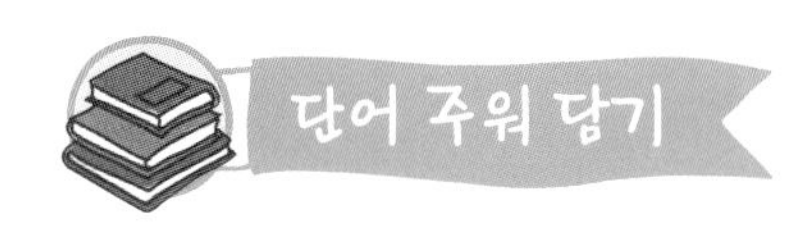

- [ ] spin [스핀] 어지럽다
- [ ] sore [쏘오] 아픈
- [ ] temperature [템퍼러츄어] 체온
- [ ] doctor [닥터] 의사
- [ ] bad cold [뱃 코울드] 독감
- [ ] whole [호울] 전부의
- [ ] ache [에이크] 아프다
- [ ] tired [타이어드] 피곤한
- [ ] overwork [오우버웍] 과로
- [ ] worried [워리드] 걱정스러운
- [ ] swollen [쑤월런] 부어오른
- [ ] sick leave [씩 리이브] 병결

건강관리하기

I work out regularly. 나는 규칙적으로 운동합니다.

시작해 보기(기본표현)

- I always eat healthy food. 난 항상 건강에 좋은 식사를 합니다.

- Do you get plenty of exercise? 운동을 충분히 합니까?

- Are you getting lots of sleep? 수면을 충분히 취하고 있나요?

- How do you avoid stress? 스트레스는 어떻게 피하시죠?

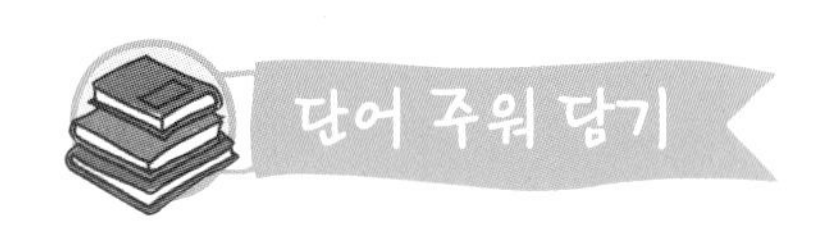

- plenty [플렌티] 많음, 충분
- exercise [엑서싸이즈] 운동
- lots of [랏쓰 업] 많은
- avoid [어보이드] 피하다
- healthy [헬씨] 건강한
- brain [브레인] 두뇌
- active [액티브] 활동적인
- regularly [뤠귤러리] 규칙적으로
- shape [쉐입] 상태, 모습
- buff [버프] 매력 있는
- trouble [추러블] 고생
- laugh [래프] 웃다

초대수락과 거절

Are you free on Friday night? 금요일 저녁에 한가하시나요?

- Are you free tonight? 오늘 밤 별일 없어요?

- Nothing special. Why? 별일 없는데. 왜요?

- Would you like to come over for dinner?
  오셔서 저녁식사 하실래요?

- That sounds great. What time? 좋습니다. 몇 시죠?

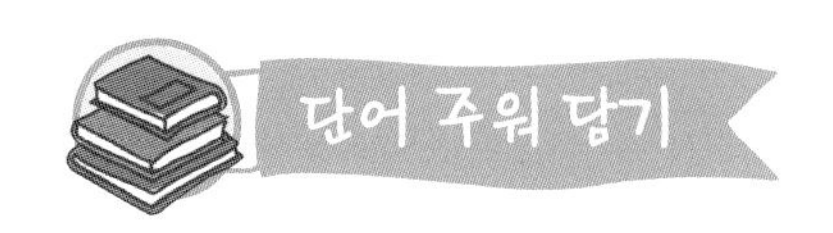

- free [프리이] 자유로운
- nothing [나씽] 아무 것도 아님
- special [스페셜] 특별한
- sound [사운드] ~하게 들리다
- invite [인바이트] 초대하다
- birthday [버어쓰데이] 생일
- care to do [케어 투 두] ~하길 좋아하다
- sounds like [사운즈 라익] ~처럼 들리다
- pick you up [피큐럽] 차에 태우다
- maybe [메이비] 어쩌면
- engagement [인게이즈먼트] 약속
- wonder [원더] ~인가 하고 생각하다

휴가가기

I'm going to take a vacation. 휴가를 가려 합니다.

시작해 보기(기본표현)

- I'm going to take a vacation. 난 휴가를 갈 예정이다.

- I'm packing my bag. 난 가방을 싸고 있다.

- I can't wait. 기다릴 수 없다.

- What do you plan to do? 무엇을 할 예정입니까?

- I'm visiting my parents in Busan. 난 부산에 계신 부모님을 뵈려고 한다.

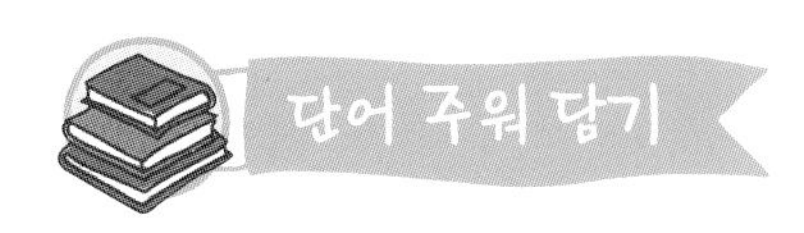

- [ ] pack [팩] 짐을 꾸리다
- [ ] bag [백] 가방
- [ ] wait [웨잇] 기다리다
- [ ] visit [비짓] 방문하다
- [ ] parents [페어런츠] 부모
- [ ] not any [낫 에니] 어떤 ~도 아닌
- [ ] yet [옛] 아직
- [ ] by train [바이 추레인] 기차 편으로
- [ ] family [패멀리] 가족
- [ ] holiday [할러데이] 휴일
- [ ] scenery [씨이너리] 경치
- [ ] spectacular [스펙태큘러] 볼 만한

13 패션이야기

You're out-dated. 유행에 뒤떨어지셨군요.

시작해 보기(기본표현)

- This was last year's style. 이건 작년 스타일이었어.

- I think it still looks perfect. 여전히 좋아 보이는데.

- I'm going to get a facelift. 난 주름 펴는 성형수술을 받으려고 해.

- You must be crazy. 너 정말 미쳤구나.

- Natural beauty comes from within. 자연미는 내면에서 생기는 거지.

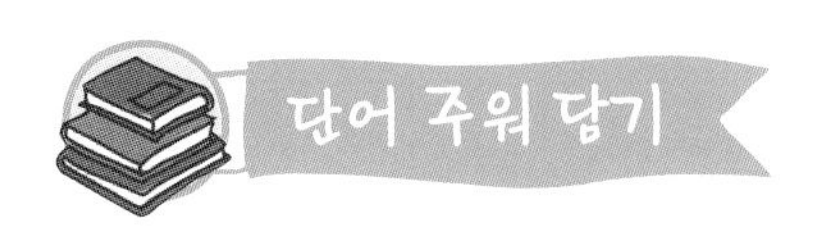

- [ ] **still** [스틸] 여전히

- [ ] **perfect** [퍼어픽트] 완벽한

- [ ] **crazy** [크뤠지] 미친

- [ ] **within** [위딘] 내부

- [ ] **natural** [내추럴] 자연스런

- [ ] **beauty** [뷰티] 아름다움

- [ ] **apply** [어플라이] 바르다

- [ ] **rub** [랍] 비비다

- [ ] **dab** [댑] 가볍게 두드리다

- [ ] **cosmetic** [카즈메딕] 미용의

- [ ] **enough** [이나프] 충분한

- [ ] **forever** [퍼레버] 영원히

국내여행하기

I took a trip to Jeju-do. 제주도로 여행했습니다.

- Can you save my place for me? 제 자리를 좀 봐주시겠어요?

- Sure. Will you be long? 네, 오래 걸리겠습니까?

- No, nature's calling. 아니요. 소변보고 오겠습니다.

- Sure. But hurry. 네. 하지만 서두르세요.

- The line is moving fast. 행렬이 빨리 움직이고 있습니다.

- Thanks. It won't be long. 고맙습니다. 곧 돌아오겠습니다.

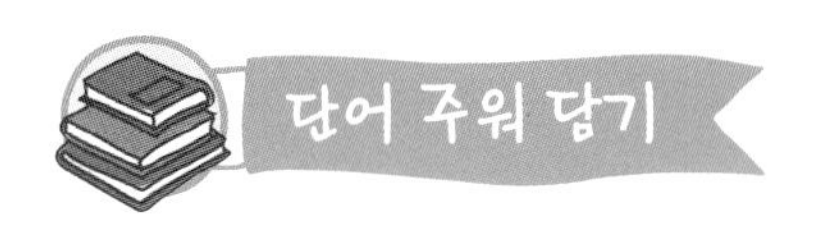

- [ ] **save** [쎄이브] 남겨두다
- [ ] **nature** [네이쳐] 자연
- [ ] **hurry** [허리] 서두르다
- [ ] **move** [무브] 움직이다
- [ ] **heard** [허어드] 동사 hear의 과거, 과거분사
- [ ] **recently** [리슨트리] 최근에
- [ ] **lately** [레이틀리] 최근에
- [ ] **imagine** [이매진] 짐작하다
- [ ] **east** [이스트] 동쪽
- [ ] **west** [웨스트] 서쪽
- [ ] **bet** [벳] 내기하다

해외여행하기

Can I see your passport? 여권 좀 볼까요?

시작해 보기(기본표현)

- When would you like to depart? 언제 출발하시겠습니까?

- On Friday the 12th of next month. 다음달 12일 금요일입니다.

- Will that be round trip or one way? 왕복입니까, 편도입니까?

- Round trip please. 왕복입니다.

- Would you like economy or business class?
  일반석입니까 비즈니스석입니까?

- Economy class please. 일반석을 주세요.

- [ ] **ticket** [티킷] 표
- [ ] **window** [윈도우] 창문
- [ ] **aisle** [아일] 통로
- [ ] **suitcase** [쑤웃케이스] 옷가방
- [ ] **airport** [에어폿] 공항
- [ ] **economy class** [이카너미 클래스] 일반석
- [ ] **business class** [비즈니스 클래스] 비즈니스석
- [ ] **first class** [퍼어스트 클래스] 1등석
- [ ] **round trip** [롸운 트립] 왕복
- [ ] **one way** [원 웨이] 편도
- [ ] **departure** [디파춰] 출발
- [ ] **arrival** [어롸이벌] 도착

슈퍼에서 장보기

I'm looking for pasta. 파스타를 찾는데요.

시작해 보기(기본표현)

- Where are the potatoes? 감자는 어디에 있죠?

- They're at aisle 7. 7번 통로에 있습니다.

- Anything else? 다른 것도 찾으세요?

- Yes, 10 slices of ham please. 네. 햄 10조각이 필요합니다.

- No, that's all. 아니오. 그게 전부입니다.

- [ ] potato [퍼테이토] 감자
- [ ] aisle [아일] 통로
- [ ] else [엘스] 그 밖에
- [ ] slice [슬라이스] 조각
- [ ] produce [프로듀스] 농산물
- [ ] produce [프러듀스] 생산하다
- [ ] section [섹션] 구역
- [ ] loyalty [로열티] 충성
- [ ] discount [디스카운트] 할인
- [ ] coupon [쿠우폰] 쿠폰
- [ ] change [체인지] 잔돈
- [ ] receipt [리씨잇] 영수증

교통문제 이야기

Please drive safely, sir. 선생님, 안전운전하세요.

시작해 보기(기본표현)

- My car wouldn't start this morning.
  아침에 차가 도무지 시동이 안 걸렸어.

- Did you check the battery? 배터리 살펴봤어?

- Yeah. It was dead again. 그래. 배터리가 또 나갔어.

- Sir, did I do anything wrong? 제가 뭐라도 잘못 했나요?

- Yes, sir. You ran through the stop sign.
  네. 정지신호를 무시했습니다.

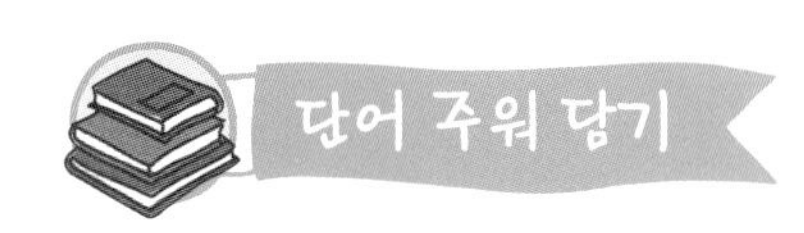

- wouldn't [우든] 도무지 ~하지 않으려하다
- start [스타앗] 시동이 걸리다
- dead [뎃] 죽은, 전원이 작동하지 않는
- run through [런 쓰루] 무시하고 통과하다
- guess [게스] 짐작하다
- goodness [굿니쓰] 야단났군!
- crawl [크로올] 천천히 가다
- hospital [하스피틀] 병원
- badly [배들리] 심하게
- shake up [쉐이크 업] 동요(섬뜩)하게 하다
- corner [코오너] 길모퉁이
- stop sign [스탑 싸인] 정지 신호

음식점에서 식사하기

Are you ready to order? 주문하시겠어요?

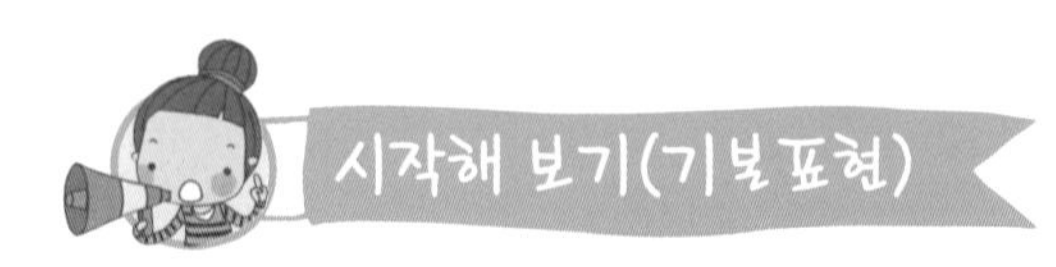

- Good evening sir, welcome to our restaurant.
  안녕하세요. 어서 오십시오.

- A table for two please. 2인용 테이블 부탁합니다.

- Are you ready to order? 주문하시겠습니까?

- What's your specialty? 무슨 음식을 잘 하시죠?

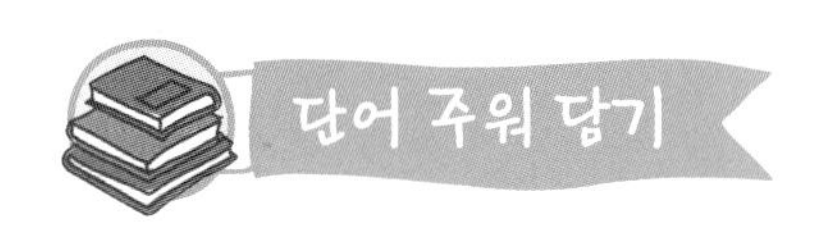

- [ ] **welcome** [웰컴] 환영하다
- [ ] **ready** [뤠디] 준비가 된
- [ ] **order** [오더] 주문하다
- [ ] **specialty** [스페셜티] 특기, 전공
- [ ] **kitchen** [키친] 부엌, 조리장
- [ ] **reservation** [뤠저베이션] 예약
- [ ] **medium** [미디엄] 중간
- [ ] **rare** [레어] 설익은, 드문
- [ ] **bake** [베이크] 굽다
- [ ] **roll** [뤄울] 롤빵
- [ ] **order** [오더] 주문하다
- [ ] **right away** [롸잇 어웨이] 곧바로, 당장

19 호텔에서 숙박하기

Can you give me a wake-up call? 전화로 깨워주시겠어요?

시작해 보기(기본표현)

- Plaza Hotel. Can I help you? 플라자 호텔입니다. 무엇을 도와드릴까요?

- I'd like to reserve a room. 방을 예약하려고 합니다.

- What kind of room would you like? 무슨 종류의 방을 원하세요?

- I'd like a single room, please. 싱글 룸 하나가 필요합니다.

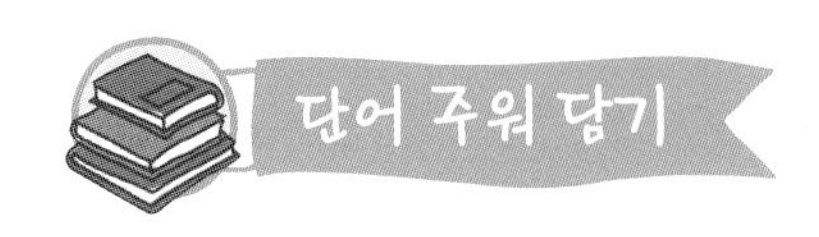

- expensive [익스펜시브] 비싼
- plaza [플라저] 광장
- reserve [리저어브] 예약하다
- fill in [필인] 적어 넣다
- form [폼] 양식
- breakfast [브렉퍼스트] 아침식사
- number [넘버] 번호
- enjoy [엔조이] 즐기다
- dinning room [다이닝 룸] 식당
- room service [룸 써비스] 객실 서비스
- shuttle bus [셔틀 버스] 왕복버스
- wake-up call [웨이컵 콜] 잠 깨우는 전화

만남과 결혼

What a pleasant surprise! 뜻밖에 뵈니 정말 반갑군요?

시작해 보기(기본표현)

- Now I'm in seventh heaven. 지금 난 최고로 행복하다.

- You look very excited. What happened?
  아주 신난 것 같은데. 무슨 일이야?

- I think I've fallen in love. 난 사랑에 빠진 것 같아.

- Who's the lucky girl? 그 행운의 여자는 누구야?

- Nari. I'm going to marry her soon.
  나리야. 나는 그녀와 곧 결혼할 예정이야.

- What? 뭐라고?

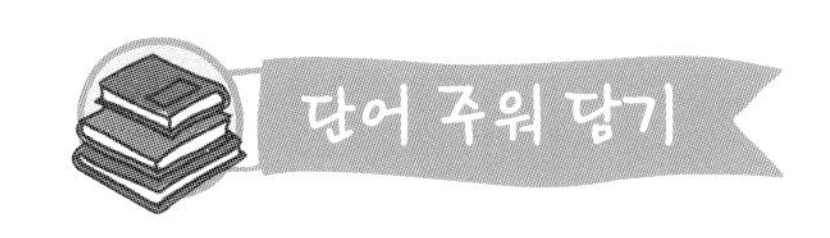

- seventh heaven [쎄븐쓰 헤븐] 제7천국, 최고의 행복
- fall in love [폴 인 러브] 사랑에 빠지다
- lucky [럭키] 행운의
- marry [매리] ~와 결혼하다
- heaven [헤븐] 하늘, 천국
- minister [미니스터] 목사
- pleasant [플레즌] 즐거운
- age [에이지] 연령, 시대
- under construction [언더 컨스트럭션] 건설 중인
- punish [퍼니쉬] 벌하다, 혼내주다
- admit [애드밋] 인정하다
- think much of 대단하게 여기다